Karl Heinz Brodbeck

Mut zur eigenen Kreativität

HERDER spektrum
Band 4804

Das Buch

Kreativität bezieht sich nicht nur auf herausragende Ideen, Projekte und Produkte. Sie ist auch mehr als ein bloßer Erfolgsfaktor in Wissenschaft und Technik. *Jeder* braucht für seinen Lebensweg den *Mut zur eigenen Kreativität*. Die eigenen Grenzen überwinden, Gewohnheiten erkennen, nutzen und verändern, sein Leben selbst zum Positiven wandeln, aus einem inneren Reichtum leben — das ist das *Ziel*. Die inspirierende Kraft der Achtsamkeit bewußt einsetzen — das ist der *Weg*. Etwas beachten, das schon da war, aber nicht »gesehen« wurde — so entfaltet sich Kreativität. Brodbeck zeigt, wie das gehen kann. »Kreativität« entfaltet sich, wenn sich Situationen öffnen, wenn Raum für Neues entsteht, wenn Einschränkungen überwunden und erstarrte Gewohnheiten »verflüssigt« werden. Dann können wir unter den neuen, erweiterten Möglichkeiten das auswählen, was wir brauchen und als hilfreich erachten. Die Entscheidung darüber, was »wertvoll« ist, liegt bei der Person, beim Individuum und seiner Freiheit. Kreativität umfaßt auch Gefühle, Wahrnehmungen, Bewegungsmuster des Körpers und Denkprozesse – den ganzen Menschen also: Kreativität als Selbstgestaltung und Selbstfindung.

Achtsamkeit schafft die offene Weite, in und aus der sich Situationen verändern: in der Auflösung und Verwandlung erstarrter Denk- und Handlungsmuster, im Wechselspiel von Kreativität und Gewohnheit. »Kreativität der Achtsamkeit« wird so zum Königsweg, im Wandel von Situationen und Denkmustern sich selbst als achtsames Wesen zu entdecken und sein eigenes Leben zu gestalten.

Der Autor

Dr. Karl Heinz Brodbeck, Diplom Volkswirt — Ing. (grad.), ist Professor an der Fachhochschule in Würzburg und der Hochschule für Politik in München. Zahlreiche Publikationen, u.a. auch zum Thema Kreativität: Entscheidung zur Kreativität; Erfolgsfaktor Kreativität. Die Zukunft unserer Marktwirtschaft.

Karl Heinz Brodbeck

Mut zur eigenen Kreativität

Wie wir werden,
was wir sein können

Herder

Freiburg · Basel · Wien

Gedruckt auf umweltfreundlichem,
chlorfrei gebleichtem Papier

Originalausgabe

Alle Rechte vorbehalten – Printed in Germany
© Verlag Herder Freiburg im Breisgau 2000
Satz: Fotosetzerei G. Scheydecker, Freiburg i. Br.
Herstellung: Freiburger Graphische Betriebe 2000
Umschlagmotiv:© Photonica
Umschlag: Konzeption und Gestaltung:
R·M·E, Roland Eschlbeck, Liana Tuchel
ISBN: 3-451-04804-3

Inhalt

Zugang 7

1 Was ist Kreativität 9
2 Die dreifache Intelligenz 32
3 Der Zauberstab der Achtsamkeit 64
4 Die kreative Situation 85
5 Lust und Last des Denkens 117
6 Das kreative Selbst 157

Glossar wichtiger Begriffe 185

Dank 192

Zugang

Mut ist die Kraft, seine Angst zu überwinden. Angst vor der eigenen Kreativität – das ist das wichtigste Kreativitätshemmnis. Man hat Angst vor etwas, weil man es nicht kennt. Und am wenigsten *erkennen* sich viele als das, was sie schon *sind:* kreativ. Sie sind noch nicht geworden, was sie eigentlich sein können. Deshalb heißt Mut zur eigenen Kreativität vor allem, sich auf die Reise zur Entdeckung des kreativen Selbst zu begeben.

Es ist leicht, jemand aufzufordern, »Mut« zu zeigen. Wie aber macht man das *genau,* mutig zu sein? Wie faßt man Mut? Wenn wir diese Frage stellen, haben wir schon den ersten Schritt getan. Denn weder Mut noch Kreativität gehorchen einer Schwarz-weiß-Logik. Es ist nicht so, daß man die Kreativität nur »haben« oder »nicht haben« kann. Es gibt unendlich vielfältige Zwischenstufen in allen Farben.

Braucht man überhaupt Mut zur eigenen Kreativität? Ist Kreativität nicht etwas, was wir alle wertschätzen und herbeisehnen? Die Antwort lautet: Ja und nein. Wir brauchen uns nur umzusehen, und wir entdecken sehr viel schematisches, routiniertes, gewohnheitsmäßiges, häufig sogar borniertes Denken und Handeln. Fast alle reden von Kreativität, preisen sie, behaupten vielleicht sogar, besonders kreativ zu sein. Doch hinter der Fassade mit bunt-kreativem Anstrich modert oft ein Gemäuer der Gewohnheit. Was man zumeist beobachtet, ist die Wiederkehr derselben alten Verhaltensweisen in neuen Gewändern, derselben alten Muster mit neuen Namen, alten Wein in neuen

Schläuchen. Nicht überall, wo »neu« draufsteht, ist »neu« drin.

Ich möchte in diesem Buch nicht nur über Kreativität sprechen, ich will dies auch auf neue Weise und vielleicht mit neuen Einsichten tun. Daß sich viele meiner Gedanken aus teilweise sehr alten Traditionen ableiten, steht dazu keineswegs in Widerspruch. Neues kommt nie aus dem Nichts. Aber es muß sich auch vom Alten *unterscheiden*. Ich möchte der Leserin und dem Leser nicht etwas *Fremdes* geben, keine »Technik«, die man zur Kenntnis nimmt und dann doch nicht anwendet. Mir kommt es darauf an, daß jeder *sein* kreatives Potential selbst entdeckt und entwickelt. Ziel ist nicht nur das eine oder andere kreative Produkt, sondern vor allem das Wachstum der kreativen *Persönlichkeit*. Dieses Buch ist vielleicht auch eine Gebrauchsanleitung, noch mehr aber soll es ein Wegweiser sein, der nach innen zeigt, ins Herz der Kreativität.

Was aber ist »Kreativität«? Diese Frage wird auf den folgenden Seiten in vielen Facetten beleuchtet. Kurz und für eilige Leser gesagt: Die Kreativität zeigt sich für jeden in den vielfältigen Situationen des Alltags. Sie ist ein situativer Prozeß, in dem sich erlebte Bedeutungen ändern. Leben heißt: selbst kreativ sein. Die Kreativität hebt unaufhörlich alte Unterschiede auf und trifft neue Unterscheidungen, gründet aber im Unterschiedslosen. Das kreative Selbst, das Unterschiede macht und erkennt, ist das innere Zentrum jedes Menschen. Ein anderer Name für diese geheimnisvolle Kraft in jedem Menschen ist die *Achtsamkeit*. Sie ist das stille Leitmotiv der folgenden Seiten, der offene Raum, in dem sich nicht nur die Kreativität, sondern auch dieses Buch entfaltet.

1 ■ Was ist Kreativität?

Ist Kreativität definierbar?

Es gibt zahllose Definitionen des Begriffs »Kreativität«. Einige Autoren sagen, Kreativität sei nicht definierbar, andere wiederum sprechen von einem »schwachen Begriff«, von einem »Mythos« oder einer »Leerformel«. Ich möchte deshalb nicht mit einer Definition beginnen, sondern viel einfacher fragen: Was kann und soll überhaupt eine »Definition« leisten? Brauchen wir denn überhaupt so etwas? Auch wenn jemand keine Definition von »Mensch« kennt, ist er doch in der Lage, Menschen von Autos, Häusern und Tieren zu unterscheiden.

Definitionen können nützlich sein, denn sie verhelfen uns dazu, mit einem Begriff achtsam umzugehen. Im Wort »De-finition« steckt »Grenze« (lateinisch *finis*). Eine Definition steckt eine Grenze ab; sie verhindert einen willkürlichen Gebrauch eines Begriffs. Jede Grenze legt zwei Seiten fest, diesseits und jenseits der Grenze. Ebenso kann man »Kreativität« positiv oder negativ definieren. Man kann versuchen zu sagen, was das *ist*, »Kreativität«, oder man kann sich fragen, was *nicht* kreativ genannt werden soll. Wenn man versucht, Kreativität *positiv* zu definieren, ergeben sich große Schwierigkeiten. Kreativität, was immer sie noch sein mag, ist jedenfalls *auch* eine Fähigkeit, Grenzen zu überschreiten. Wenn wir also sagen: »Kreativität ist dies oder das«, wenn wir einen Zaun um den Begriff Kreativität herum machen, dann wird es sehr bald jemand geben, der kreativ genug ist, diese Grenze zu überschreiten. (Übrigens: *Eine* bekannte Definition von Kreativität sagt ausdrücklich: Kreativ heißt ein *Denken gegen Regeln*, gegen Definitionen und Festlegungen.)

Die Methode, Begriffe logisch *festzulegen*, also positiv zu definieren, stammt von Aristoteles, dem griechischen Vater der Logik. Diese Methode hat sich als sehr fruchtbar für die Mathematik und andere Wissenschaften erwiesen. Wissenschaftler brauchen scharf umgrenzte Begriffe. Genau das meint man mit dem Wort »exakt«, wenn man von *exakten Wissenschaften* spricht. Als nach dem Zweiten Weltkrieg Psychologen darangingen, die Kreativität *wissenschaftlich* zu erforschen, wandten sie diese Methode der exakten Definition an. Unglücklicherweise waren sie sich aber untereinander ganz und gar nicht darüber einig, *welche* Definition sie verwenden sollten. Auf einem Symposion über Kreativität haben Wissenschaftler fast vierhundert verschiedene Bedeutungen des Begriffs Kreativität assoziiert. Wenn wir neuere Konzepte wie z. B. das Neurolinguistische Programmieren (NLP) hinzufügen, kommen wir inzwischen sicherlich auf tausend oder mehr verschiedene Bedeutungen.

Kreativität kann man offensichtlich nicht in eine Grenze einsperren. Interessanterweise ist das schon fast so etwas wie eine Definition: Kreativität ist eine Fähigkeit, die sich nicht definieren läßt, weil sie Grenzen übersteigt und Neues hervorbringt. Kann man Kreativität also *negativ* definieren, kann man sagen, was *nicht* kreativ ist? Das ist möglich, wir werden gleich davon Gebrauch machen. Doch hier zeigt sich ein anderes Problem: Was für Peter »kreativ« ist, braucht es für Petra keineswegs zu sein. Peter lernt z. B. Gitarre spielen. Beim Üben bemerkt er plötzlich, wie man durch bloßes Verschieben der linken Hand neue Akkorde erzeugen kann. Für Peter ist das eine große Entdeckung, eine echte Neuerung. Peter war hier kreativ. Aber für Paco de Lucia, den großen Flamenco-Gitarristen, ist das sicher keine neue Entdeckung.

Die Grenze zwischen dem, was kreativ genannt werden kann und was nicht, diese Grenze ist veränderlich, und sie variiert. Sie variiert in der Zeit, über kulturelle Traditionen hinweg, sie variiert aber auch *zwischen* verschiedenen Menschen oder Organisationen. Das ist das Geheimnis, weshalb Kreativität so verschiedenartig und immer wieder neu definiert wird. Menschen sind auch kreativ darin, die Kreativität immer wieder neu zu entdecken.

Dharmakirtis Trick

Obgleich wir also sehr skeptisch sein müssen bezüglich einer starren Definition von Kreativität, ist es doch zweckmäßig, diesen Begriff etwas genauer zu betrachten. Definitionen sollen ja vor allem *zweckmäßig* sein, sie sollen uns helfen, *Probleme* zu lösen oder im Gespräch, in der Kommunikation Mißverständnisse zu vermeiden. Wenn man nicht genau weiß, was eine Sache ist, dann ist es sehr hilfreich, nach dem *Gegenteil* zu fragen. Das ist übrigens eine der ältesten und effektivsten »Kreativitätstechniken«, die wir gleich anschließend am Begriff der Kreativität selbst erproben wollen. Diese Methode wurde von dem buddhistischen Philosophen *Dharmakirti* entwickelt, der im 7. Jahrhundert im Süden Indiens lebte und lehrte. Dharmakirti behauptete, daß man Dinge *überhaupt nur* negativ, von der »anderen« Seite her definieren kann. Man kann zwar sagen, daß ein Pferd kein Hund, keine Kuh und auch kein Grashalm ist, aber man kann nicht *positiv* sagen, was nun ein Pferd tatsächlich, endgültig, letztlich, eigentlich, wesentlich »ist«.

Mit anderen Worten: Dharmakirti rät uns, Definitionen *offen*zuhalten, sie immer wieder flexibel und neu zu bestimmen. Die Definition *lebt* mit uns und unserer Erfahrung. Ein Teenager definiert »Liebe« ganz anders als eine Mutter, deren Kinder die Schule abgeschlossen haben. Was uns in der Erfahrung gegeben ist, sind keine allgemeinen Begriffe, sondern immer vereinzelte Phänomene. Dharmakirti greift zunächst solch eine einzelne Erfahrung auf, gibt ihr einen Namen und stellt dann die Frage: Was ist das hier *nicht?* Man nimmt zum Beispiel diesen Baum dort vor dem Fenster, eine alte Pappel, gibt ihr den Namen »Baum« und fragt dann: Was ist alles *kein* Baum? Dharmakirti schlägt also vor, Definitionen als *offenen Prozeß* zu betrachten, in dem ein Begriff und dessen Bedeutung immer reichhaltiger wird, aber niemals endgültig definiert ist.

Platon dagegen ging von allgemeinen Begriffen aus. Die abendländische Philosophie ist ihm darin sehr lange gefolgt. Platon nannte die *positive* Definition eines Dings dessen Wesen, dessen »Idee«. Er meinte, daß wir so etwas wie eine »Pferdheit«, ein *Wesen* des Pferdes »schauen« könnten. Antisthenes, ein Zeitgenosse Platons, hat dazu gesagt: »Ja, mein lieber Platon, ein Pferd sehe ich wohl, aber keine Pferdheit«. Ein Pferd ist immer ein *einzelnes* Pferd. Und von einem einzelnen Pferd kann man leicht sagen, daß es sich von einem Hund oder einer Katze unterscheidet, auch wenn wir kein *Wesen*, keine »Pferdheit« erkennen. Da es viele Pferde gibt (sie haben sich in der Evolution auch gewandelt), gibt es auch nicht *ein* starres Wesen, eine »Pferdheit«.

Das »Wesen« der Dinge ist *lebendig,* es verwandelt sich in den Situationen des Lebens und der Geschichte. Ich will die in der Philosophie heftig diskutierte Frage, ob es so etwas wie ein ewiges Wesen der Dinge gibt, hier nicht näher erörtern. Allerdings könnten wir immerhin die kritische Frage stellen, ob das »Wesen« des Computers oder des Internets auch schon zu Platons Zeiten unveränderlich irgendwo ruhte und nur darauf wartete, entdeckt zu werden. Vielleicht sollten wir auch einfach nur *vorsichtig* sein, wenn wir einem Wort die Nachsilbe »-heit« oder »-keit« (von »-ismus« zu schweigen) anhängen und z.B. aus Menschen die Mensch*heit* machen.

kreativ = neu und wertvoll

Ich möchte nun nicht einfach eine Definition »vorschlagen« und den Leser und die Leserin auffordern, sie »anzunehmen«. Das wäre ein ziemlich unkreatives Verfahren. Vielmehr wollen wir gemeinsam – Leser und Autor – Dharmakirtis Methode anwenden, die es jedem erlaubt, die Zweckmäßigkeit einer Definition *selbst* zu entdecken. Stellen wir also die Frage: Was ist *nicht* kreativ? So *allgemein* gestellt, ist diese Frage freilich noch wenig hilfreich. Wir kämen nicht auf die Idee, einen Stein, eine Küchenmaschine oder die Zahl 371 »kreativ« zu nennen. Weshalb nicht? Weil wir offenbar stillschweigend das Wort »kreativ« nur auf *Lebewesen* beziehen. Also können wir immerhin schon sagen: Kreativität hat nichts mit *toten* Dingen zu tun. Dharmakirtis Trick erlaubt uns, eine erste, vorläufige Unterscheidung zu treffen.

Gehen wir weiter und fragen: Welches *Verhalten* nennen wir definitiv *nicht* kreativ? Folgen wir der Methode und suchen zuerst ein paar Beispiele: Am Morgen Kaffee zu machen ist zwar für viele lebensnotwendig, aber sicher keine kreative Handlung. Es ist Routine. Ebenso das Einkaufen, das Autofahren, im Kopf die Multiplikation 4 mal 7 = 28 auszuführen, auf die Frage: »Was hat Gold im Mund?« zu antworten: »Morgenstund« – all das sind routinierte, automatische Verhaltensweisen, Sprechweisen oder Denkweisen. Kurz: Jede Form von *Routine* werden wir *nicht* kreativ nennen. Kreativität ist *nicht* eine Routine.

Was unterscheidet nun seinerseits Routinen von anderen Tätigkeiten? Ihre Wiederholung. Sie kehren immer wieder, sind also keine zufälligen, beliebigen oder spielerischen Handlungen. Auch wenn wir gar nicht genau wissen, was wir dabei eigentlich alles wiederholen (wir denken nicht darüber nach, was beim Autofahren *genau* unsere Hände und Füße tun), es genügt zu wissen, *daß* wir etwas wiederholen, das wir schon oft gemacht haben. Routinen als Wiederholung von Handlungen sind also *nicht* kreativ. Wenden wir Dharmakirtis Trick noch mal an: Was ist dann das Gegenteil von »Wiederholung«? Wiederholung ist Wiederkehr des Gleichen. Das Gegenteil von »gleich« ist »verschieden«. Also können wir festhalten: Kreativität macht etwas *anders,* bringt etwas *anderes* hervor.

Routinen können vielfach *unbewußt* werden. Weil wir sie so oft wiederholen, weil es *Gewohnheiten* sind, werden sie oftmals unachtsam und unbewußt ausgeführt. Das Gegenteil von Unachtsamkeit ist aber die Achtsamkeit. Kreativität als das Gegenteil von Routine hat etwas mit Achtsamkeit zu tun, aber auch damit, etwas *Neuartiges* zu beachten. »Neu« ist das Gegenteil der Wiederkehr des Gleichen, das Gegenteil einer unbewußten Gewohnheit. Das Gewohnte beachten wir nicht, übersehen es; das *Neue* dagegen sticht ins Auge, wird uns bewußt.

Damit haben wir ein wichtiges Merkmal zur Definition von »Kreativität« gefunden. Kreativ nennen wir ein Denken oder eine Handlung, wenn etwas *Neues* erkannt oder hervorgebracht wird. Doch das genügt noch nicht. Die Erfahrung, Zahnschmerzen durch einen Weisheitszahn zu bekommen, ist vielleicht »neu« für jemand, aber sicher keine kreative Wahrnehmung, auch wenn die Zahnschmerzen keineswegs unbewußt sind. Meist denken wir beim Begriff des »Neuen« stillschweigend noch an etwas anderes. Der Begriff »neu« ist positiv besetzt – die Werbung z.B. lebt davon. Positiv heißt: das, was wir »neu« nennen, hat einen gewissen *Wert* für uns. Die Zerstörung von etwas, ein Leid oder Schmerz ist vielleicht auch »neuartig«, hier aber fehlt

14

ein positiver Wert. Die Bewertung ist nicht das Neue an einer Sache, sie kommt *hinzu*, die Wertvorstellung war schon vorausgesetzt. »Wertvoll zu sein«, das trifft auf kreative und gewohnte Handlungen gemeinsam zu.

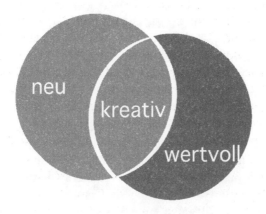

Unsere Überlegung, bei der uns der Trick von Dharmakirti eine wichtige Hilfe war, führt damit zu folgendem Ergebnis: *Kreativ ist etwas, was neu und wertvoll für jemand ist.* Das Wörtchen »und« ist hier wichtig. Beides muß zutreffen, »kreativ« ist die Schnittmenge aus gefundenen, gemachten Neuerungen und ihrer positiven Bewertung. Was *nur* neu ist, braucht nicht kreativ zu sein (es kann einfach verrückt oder auch destruktiv sein), und was *nur* als wertvoll bewertet wird, das kann ebenso eine alte, traditionelle Handlungsweise oder ein altehrwürdiger Gegenstand sein.

Neu und wertvoll – für wen?

Diese beiden Elemente – »neu« und »wertvoll« – kommen tatsächlich als Kern in vielen positiven Definitionen von Kreativität vor. Der eigentliche Unterschied bei diesen Definitionen besteht darin, daß man sich nicht einig ist, wie *weit* man diese Begriffe fassen soll. Einige Kreativitätsforscher unterscheiden zwischen *persönlicher* und *historischer* Kreativität (so zum Beispiel Margaret Boden). Was für jemand individuell kreativ sein mag, braucht nicht welthistorisch eine Neuerung darzustellen. Allerdings ergibt sich hier das Problem, daß auch jene Individuen, die (vielleicht erst viel später) als »Genie« erkannt wurden, *persönlich* kreativ sein müssen. Ihre persönliche Kreativität hat sich nur mehr oder minder zufällig als *so neuartig* herausgestellt, daß viele andere Menschen sie bewundern oder davon profitieren konnten. Andererseits ist es sehr fraglich, wann *historisch* etwas wirklich zuerst gedacht oder getan wurde. Hat tatsächlich Konrad Zuse einen Computer historisch zum allererstenmal gebaut? War nicht die Rechenmaschine des Ingenieurs und Mathematikers Charles Babbage im 19. Jahrhundert auch schon ein Computer? Gab es nicht davor zahllose Versuche zum Bau von Rechenmaschinen? Wann ist also etwas *historisch* wirklich »neu«?

Werfen wir kurz einen Blick darauf, wie verschiedene Kreativitätsforscher dieses Problem behandelt haben. Mihaly Csikszentmihalyi verwendet, wie viele Autoren, in der Definition von »kreativ« auch die beiden Begriffe »neu« und »wertvoll«. Er glaubt aber, daß der »Wert« einer kreativen Leistung immer *außerhalb* der einzelnen Leistung angesiedelt ist (er spricht vom »Feld«, das eine kreative Person umgibt). Nach seiner Auffassung ist »eine Bestätigung des Umfelds erforderlich, damit etwas als kreativ bezeichnet werden kann«. Erst wenn *andere,* wenn die Gesellschaft sagt, daß eine Leistung »wertvoll« ist, dann verdient sie für Csikszentmihalyi den Titel »kreativ«. Auch andere Kreativitätsforscher vertreten die Auffassung, daß nur das als »neu und wertvoll« gelten kann, was die gesamte Gesellschaft dafür hält. Wilhelm Lange-Eichbaum, ein Kreativitätsforscher der zwanziger Jahre, betonte, daß »Genie« etwas sei, das nur durch die Wertschätzung der *anderen* zustande kommt. Joy Paul Guilford, ein amerikanischer Psychologe, der als »Vater der modernen Kreativitätsforschung« gilt, versuchte Kreativität durch ein erweitertes Konzept der menschlichen Intelligenz zu messen. Obgleich hier tatsächlich *jedem* Menschen gewisse kreative Fähigkeiten zugebilligt werden, bleibt das *Maß* der Kreativität doch eine *äußere* Norm: ein *psychologischer Test* – keineswegs ein *unumstrittener* Maßstab. Gemeinsam ist diesen Auffassungen, daß sie Kreativität immer auch vom Urteil der Gesellschaft abhängig machen, vor allem aber, daß sie Kreativität fast ausschließlich auf das *Denken* beziehen.

Ich habe (z.B. in »Entscheidung zur Kreativität«, 1995) einen anderen Begriff von Kreativität vorgeschlagen, der sich in drei wesentlichen Punkten von den eben genannten Auffassungen unterscheidet. Es ist sicher wichtig, nach »objektiven«, »gesellschaftlichen« Normen und Maßstäben für kreatives Verhalten zu suchen. Ich vertrete aber *erstens* die Auffassung, daß *jeder* über ein kreatives Potential verfügt, das es jedoch erst zu entdecken und weiterzuentwickeln gilt. Kreative Fähigkeiten sind keine *statische* Sache, die man durch ein Maß messen kann. Sie leben und entwickeln sich mit uns. Mein Vorschlag zielt *zweitens* darauf ab, Kreativität auch auf andere Bereiche auszudehen, auf die Stimmungen und Gefühle, auf die Wahrnehmung, auf körperliche Bewegungsformen, überhaupt auf den Körper – nicht nur (obgleich das ein zentraler Bereich der Kreativität bleibt) auf das Denken zu beschränken. *Drittens* gehe ich *zunächst* immer von der eigenen, der *individuellen* Kreativität aus. Kreativ ist das, was für ein *Individuum* neu und wertvoll ist. Die Bewertung von *außen*, durch die Gesellschaft, den Kunden bei neuen Produkten, die Medien, die Mitmenschen überhaupt, diese Bewertung kann zwar nicht außer Acht gelassen werden, sie erfolgt aber immer erst *nachträglich*. Eine Handlung, ein Produkt ist nicht deshalb *un*kreativ, weil sich dafür kein Käufer findet, weil nicht in den Medien darüber berichtet wird oder weil niemand dafür etwas bezahlen möchte.

Mir scheint, es ist für die Kreativität mehr als verhängnisvoll, wenn wir bereits in ihrem Begriff die Bewertung *anderer*, des *Marktes* oder der *Medienöffentlichkeit* einbeziehen. Durch dieses viel zu grobe Raster fallen nicht nur zahllose mögliche Veränderungsprozesse. Das Bild des kreativen Menschen wird dadurch auch bis zur Unkenntlichkeit *verarmt*, wenn nur noch das als »kreativ« gilt, was sich verkaufen läßt. Wer nur mit einer Dollar- oder Euro-Brille vor den Augen seine Kreativität fördern will, der *verhindert* sie. Es ist kein Zufall, daß *Manager* am lautesten und am meisten nach »Kreativität« rufen. Man sollte ihnen sagen: Wenn ihr kreativ sein wollt, dann kommt es vor allem darauf an, eine *mögliche Verwertung* eurer Leistung zunächst einmal ganz zu vergessen. Eine kreative Persönlichkeit kommt nicht durch äußere Faktoren, durch Normen oder die Funktion in einer Organisation zustande. Begriffe wie »Strategie«, »Effizienz«, »Kostensenkung« usw. sind in Wahrheit Kreativitätshemmnisse.

Wozu taugen Kreativitätstechniken?

Hier erreichen wir einen Punkt, der auch für Kreativitätstechniken von zentraler Bedeutung ist. Was ist eine »Kreativitätstechnik«? Ich schreibe dieses Wort in Anführungszeichen, weil es eigentlich keine Kreativitätstechniken gibt – »eigentlich«, das heißt im wörtlichen Sinn. Eine Technik ist ein Mittel zum Zweck, ein Weg zum Ziel. Um eine Technik anwenden zu können, muß man das Ziel *kennen*. Doch in der Kreativität ist gerade das Ziel das Unbekannte, das große »X«, das wir *noch nicht* kennen.

Dennoch kann man im *übertragenen* Sinn von »Kreativitätstechnik« sprechen. Es ist keine Technik, die Kreativität *herstellt*, eher wird Kreativität, die schon *da ist*, verstärkt und freigesetzt. Den Begriff »kreativ« beschrieben wir durch die Wörter neu *und* wertvoll. Der Witz fast aller Kreativitätstechniken (wie Brainstorming, morphologische Analyse, Synektik usw.) besteht darin, daß man *zunächst* alle *Bewertungen* aussetzt. Man trennt also Wert und Neuheit und erlaubt so eine spielerische Entfaltung des Neuen. Beim *Brainstorming* ist Kritik verboten. Der Sitzungsleiter muß darauf achten, daß keine geäußerte Idee *kritisiert* wird. »Killerphrasen« sind nicht erlaubt: *das Verbieten ist verboten.* Auf diese Weise wird bei Kreativitätstechniken durch unterschiedliche Methoden die Erzeugung von Ideen von der Last befreit, immer *nützlich und wertvoll* sein zu müssen. Es eröffnet sich ein *Spiel-Raum,* in dem fast alles erlaubt ist. *Später* kann man dann *auswählen* und so eine *nützliche, wertvolle* Idee herausfischen.

Diese »Techniken« sind hilfreich; ich kann sie empfehlen, aber mit einer wichtigen Einschränkung: Eigentlich dienen viele dieser Techniken nur dazu, letztlich *doch* nützliche, *äußerlich* verwertbare Produkte hervorzubringen. Die Technik des *Brainstormings* erfand Osborn, ein Werbefachmann; die *Synektik-Methode* wurde mit Blick auf die industrielle Fertigung entwickelt, und die *morphologische Analyse* hilft vor allem Ingenieuren bei neuen Produkten. Die Kreativität ist aber nicht die Magd der Wirtschaft. Das wäre ein gründliches, ein verhängnisvolles Mißverständnis. Im Gegenteil: Wenn man Kreativität *nur* mit dem Blick auf die Wirtschaft fördern und entwickeln möchte, dann *verhindert* man langfristig jene kreativen Prozesse, die letztlich auch wieder das Innovationspotential der Wirtschaft fördern. Es ist kein Zufall, daß »Kreativität« als besonders *knapper* Faktor gilt. Viele Unternehmensstrukturen und -ziele tragen dazu bei, diesen Faktor nur noch knapper zu machen.

Eine wirkliche Entfaltung des *ganzen* kreativen Potentials eines Menschen setzt voraus, daß man nicht nur rein technisch und vorübergehend die »Bewertung« von Handlungen aussetzt, eine volle Entfaltung muß den *ganzen* Menschen in den Mittelpunkt rücken. Kant sagte, daß die Menschen sich wechselseitig nicht als Mittel behandeln sollen, sondern als volle Individualität mit je eigenen Zielen und Zwecken. Diesen *kategorischen Imperativ* können wir auch auf die Kreativität übertragen, wenn es um die *Bewertung* der Neuerungen geht, die in der Kreativität hervorgebracht werden. Leistungen, die nur *Mittel* sind für etwas anderes, für die Profitmaximierung, das berufliche Fortkommen oder den äußeren Erfolg, solche Leistungen entpuppen sich oft als Seifenblasen. Sie beruhen im Grund auf einer tiefen *Unehrlichkeit* sich selber gegenüber.

Kreativ ist eine *wertvolle* Neuerung. Aber das, was als *wertvoll* betrachtet wird, darüber sollten zuerst die Menschen *selbst* entscheiden. Nicht die Abhängigkeit von außen ist das wichtige Kriterium, vielmehr die *eigene Selbstgestaltung* und die *eigene Selbstfindung* sind die zentralen Bewegungskräfte der Kreativität. Das ist keine Aufforderung, die Werte der Gesellschaft zu verneinen. Im Gegenteil. Wer ethische Werte nur deshalb befolgt, weil es ihm *nützt*, der zeigt eigentlich gar kein ethisches Verhalten. Auch hier sollten wir kreativ sein und für uns ethische Werte *neu* entdecken, denn nur so werden sie glaubhaft und lebendig. Wer nur der Gewohnheit folgt und tut, was *man* tut, ist deshalb kein moralisches Wesen.

Kurz: Wenn wir Kreativität definieren als das Hervorbringen von *neuen und wertvollen* Leistungen, dann ist die *eigene* Kreativität gemeint, die *eigene* Wertsetzung und Erkenntnis von Neuerungen. Ein so in sich gereiftes kreatives Individuum kann *dann* anderen helfen und *soziale* Kreativität entfalten. Wer mit *seiner* Kreativität nicht vertraut ist, wird sich auch sehr schwer tun, kreative Prozesse in Gruppen, Organisationen, Unternehmen oder in der Politik wirksam, glaubhaft und menschlich zu entfalten.

Was ist das Neue?

Damit kommen wir zu einer wichtigen Frage. Wenn man die Kreativität nicht auf die industrielle Fertigung, die Werbung, die Forschung, also auf Wirtschaft, Wissenschaft und Kunst, beschränkt, sondern *persönliche Prozesse* betrachtet, dann zeigt sich ein viel umfassenderes und für uns auch *hilfreicheres* Bild der menschlichen Kreativität. Sind wir tatsächlich nur kreativ, wenn wir ein neues *Produkt* hervorbringen – sei es ein materielles oder geistiges Produkt? Das würde den Begriff des Neuen, des *wertvollen Neuen* völlig unzulässig einschränken.

Kreativität bezieht sich nicht nur auf Dinge und Theorien, Kreativität ist viel mehr. Wenn jemand entdeckt, daß er auf bestimmte Situationen *emotional* ganz anders als bisher reagieren kann, so ist das *individuell* in hohem Maße kreativ: Man hat eine neue und sehr wertvolle Handlungsweise für sich selbst entdeckt. Wenn man z.B. herausfindet, weshalb man ohne Grund mit Eifersucht reagiert – vielleicht, weil man bei entsprechenden Anlässen sogleich innere Bildern erzeugt, die den Partner in allerlei verfänglichen Situationen ausmalen –, dann ist eine Verwandlung der entsprechenden Reaktionsweise ein kreativer Akt. Der Partner, die Partnerin wird dankbar sein.

Die Art und Weise, wie wir Situationen, wie wir die ganze Welt *erleben*, ist nicht unveränderlich oder angeboren. Wir können das ändern. Und solche Änderungen sind eigentlich die *wichtigste Form* der Kreativität, auch wenn sich damit kaum Geld verdienen und sich selten künstlerischer oder wissenschaftlicher Ruhm ernten läßt. Kreativität ist lebendig, lebt mit uns und erlaubt, *uns selbst* zu gestalten. Wir selbst sind das *wichtigste* Produkt der Kreativität. Da es sich um unsere *eigene* Kreativität handelt, ist sie die unaufhörliche Quelle der Selbstgestaltung und Selbstentdeckung des eigenen Werdens.

Kreativität bezieht sich also auf die *ganze Situation* unseres Lebens, nicht nur auf Dinge, auf Sinnesgegenstände, schon gar nicht nur auf Waren und Geld. Zu unserem situativen Erleben gehört auch die Fähigkeit, die eigene Wahrnehmung zu verändern, seine Gefühle zu erkennen und – falls sie als nachteilig empfunden werden – zu verwandeln. Deshalb ist Kreativität nicht einfach nur eine Sache des Denkens, auch wenn das Denken sicherlich die wichtigste, alle anderen Prozesse begleitende Funktion ist. Kreativität ist eine Form der Intelligenz, aber sie ist *mehr* als nur das, was man mit einem IQ oder mit einem EQ messen könnte.

Kurze Geschichte der Kreativität

Die tiefere Dimension der Kreativität verstehen wir besser, wenn wir einen Blick in ihre Geschichte werfen. Der *Begriff* der Kreativität ist noch gar nicht alt. Wie viele neue Konzepte, ist auch die *moderne* Kreativitätsforschung ein Kind Amerikas. Als Geburtsstunde wird gern ein Vortrag des US-amerikanischen Psychologen Joy Paul Guilford betrachtet, der im Jahre 1950 als Aufsatz in der Zeitschrift *American Psychologist* erschienen ist. Sein Titel lautet einfach: »Creativity«. Guilford war ein Psychologe, der sich – wie eine Reihe weiterer Autoren – vor allem mit der menschlichen Intelligenz befaßte. Er ging davon aus, daß man Kreativität *messen* kann durch geeignete Testverfahren.

Zum *wirtschaftlich-politischen* Schlagwort wurde Kreativität allerdings erst nach dem »Sputnik-Schock«. Nachdem es der Sowjetunion gelungen war, als erste Nation einen Satelliten in die Erdumlaufbahn zu schicken, befürchtete man im Westen ein Defizit an Know-how, das durch geeignete Maßnahmen zur Förderung der Kreativität beseitigt werden sollte. Im Zuge dieser Entwicklung entstanden zahlreiche Kreativitätstechniken, Forschungsstudien zur »kreativen Intelligenz« und ein breites öffentliches Interesse an der Kreativität. In Deutschland erreichte dieser *Kreativitäts-boom* Anfang der siebziger Jahre einen ersten Höhepunkt, auf den jedoch bald eine unübersehbare Enttäuschung folgte – auch in den USA. Die Hoffnung, Kreativität durch geeignete Meßverfahren herausfiltern zu können, hat sich kaum bestätigt. Auch bei der Anwendung von Kreativitätstechniken zeigt sich eher ein ernüchterndes Bild – wenigstens für die Wirtschaft. Kreativitätstechniken werden im Management kaum eingesetzt, wie neuere Studien belegen. Von hundert neuen Produktideen wird nur eine einzige durch die systematische Anwendung von Kreativitätstechniken hervorgebracht. (Und das, obgleich nur etwa ein halbes Prozent aller systematisch verfolgten Produktideen wirtschaftlich ein Erfolg wird.) Wenn Kreativitätstechniken so effizient wären, wie das gerne behauptet wird, dann würde die Wirtschaft diese Techniken sicherlich anwenden.

Der Grund für diese Entwicklung liegt in einem viel zu engen Begriff der Kreativität, aber auch in dem vergeblichen Versuch, kreative Prozesse wie technische Abläufe in den Griff bekommen zu wollen. Das *konnte* nicht gelingen – wir werden in den nächsten Kapiteln noch genauer verstehen, weshalb, und ich werde ein *alternatives* Konzept hierzu vorstellen. Allerdings kann schon ein Blick in die Geschichte der Kreativität offenbaren, *weshalb* sich diese geheimnisvolle Fähigkeit dem Zugriff beschränkter Wirtschafts- oder politischer Interessen verweigert. Tatsächlich liegt darin so etwas wie eine Hybris der Moderne, die glaubt, nicht nur die Natur, sondern auch den Menschen in das Korsett des Messens, des Zählens und der technischen Beherrschung zwängen zu können.

Das Wort »kreativ« stammt ab von dem lateinischen Wort *creare* und heißt soviel wie »schöpferisch«. Kreativität verweist damit in ihrem Ursprung auf jene Kraft, die die ganze Welt hervorbringt. In der christlichen Tradition bezeichnete man diese Kraft als *Creator*, als Schöpfergott. Im Mittelalter waren die Menschen davon überzeugt, daß letztlich nur Gott die Dinge in ihrem Sein entstehen lassen könne. Alle Kreativität war heilig und göttlich. Die Menschen konnten *mitwirken*, waren aber auf diese göttliche Kraft angewiesen.

Im 16. Jahrhundert geschah dann etwas sehr Merkwürdiges. Man begann, die Natur auf das zu reduzieren, was sich messen und berechnen läßt. Der Kosmos erschien plötzlich als große Maschine, die von einem klugen Baumeister konstruiert wurde. Durch die Schriften des Philosophen und Naturforschers René Descartes wurde den Menschen bewußt, daß sie diese Fähigkeit auch besaßen, daß sie auch die Natur mathematisch berechnen konnten. Und Descartes sagte: Wenn man den Bauplan, die Mathematik der Naturgesetze erst entschlüsselt hat, dann kann man noch ganz andere Welten erschaffen als die sichtbare. Der Wissenschaftler und Ingenieur als neue Verkörperung der Kreativität war geboren. Und bis in die Gegenwart hat sich ein wichtiger Teil menschlicher Kreativität darauf beschränkt.

Nur in der Kunst blieb ein Bereich bestehen, in dem sich eine *andere* Kreativität zeigte, eine, die es nicht auf Naturbeherrschung und wirtschaftliche Berechnung abgesehen hatte. Doch auch hier wurde der Schöpfergott auf die Erde geholt. Man sah in den *Genies* besondere Menschen, die über schöpferische Gaben verfügen sollten. Dieses »Geniemodell« der Kreativität wurde auch auf Wissenschaftler, Politiker oder Philosophen übertragen. Der »Adel des Geistes« schien sich auf wenige, auserwählte Menschen zu beschränken.

Es hat sich aus vielen Gründen – die wir hier nicht untersuchen wollen – gezeigt, daß dieses Geniemodell nicht haltbar ist. Kreativität ist eine Fähigkeit, die im Prinzip *jedem Menschen*, ja auch Tieren eigen ist. Die Kreativität ist in der Gegenwart *demokratisch* geworden. Diese Entwicklung ist sicherlich positiv. Sie ermöglicht heute *jedem*, sein eigenes kreatives Potential zu entdecken. Und die wichtigste Voraussetzung dazu ist, überhaupt von der eigenen Kreativität zu wissen und auch den *Mut* zu haben, sie als wichtigste Quelle der Gestaltung des eigenen Lebens *zuzulassen*.

Gleichwohl hatte diese Entwicklung auch ihre Schattenseite. Vielfach verfiel man nämlich dem Glauben, Kreativität sei damit auch jederzeit und jedem technisch *verfügbar*, wie man andere Produkte auf dem Markt kaufen kann. Doch gerade darin verbirgt sich ein Irrtum, und dieser Irrtum ist zugleich ein besonderes Kreativitätshemmnis. Man kann die Kreativität nicht einsperren oder in den Dienst nehmen, wie ein Hochleistungssportler seinen Körper ganz in den Dienst des Erfolgs stellt oder ein Manager den seinen den Unternehmenszielen unterwirft – zu schweigen von den vielen Menschen, die noch weit weniger erfreuliche Arbeiten verrichten.

Dieser Irrtum bezüglich der Kreativität verbirgt sich in dem Glauben, man könne die Kreativität seinem *Ego* unterwerfen. Das funktioniert nicht. Kreativität ist eine geheimnisvolle Gabe geblieben, die wir nicht in unsere kleinen Hoffnungen, Ängste und irrigen Meinungen einsperren können. Wir sagten: Kreativität überschreitet Grenzen, deshalb kann man sie auch nicht ein für allemal *definieren*, also in bestimmte Begriffsgrenzen einzwängen. Das ist auch der Grund, weshalb man sie nicht wirklich messen kann. Sie *überschreitet* die Grenzen einer herkömmlichen Theorie, eines Fragebogens oder einer bekannten Versuchsanordnung.

Woher sollte z.B. ein experimentierender *Psychologe,* zweifellos Fachmann auf seinem Gebiet, eigentlich wissen, was an einer musikalischen Komposition, einer ökonomischen Theorie, einer köstlichen Speise, einer sozialen Leistung usw. nun genau das Neue und Wertvolle ist? Er ist weder Komponist noch Ökonom, Koch oder Krankenpfleger. Von *außen* kann eine kreative Leistung oft gar nicht erkannt werden. Zu ihrer Beurteilung ist *spezifische* Sachkenntnis erfordert. Das Neue *unterscheidet* sich vom Alten. Man muß das Alte also kennen, um das Neue davon unterscheiden zu können. Kreativität hat zwar keine Ursache, aber sie kommt nicht aus dem Nichts, sie lebt vom *Unterscheiden* zwischen Alt und Neu. Altes wird erst dadurch »alt«, daß Neues daneben tritt.

Zur Kreativität gehört also immer beides: Kenntnis des Alten und Öffnung für das Neue. Wer keine Kenntnisse über eine Sache (oder über sich selbst) besitzt, kann auch nicht kreativ sein. Also, *von außen*, ohne einschlägige Sach- oder Personenkenntnis, läßt sich eine kreative Leistung kaum beurteilen. Doch auch das Umgekehrte ist ein Hindernis: *nur* große Sachkenntnis auf einem Gebiet, begleitet von einem selbstverliebten Kreisen um eigene Gewohnheiten. Wer am Alten, an seinem Fachgebiet, an seinen Erfahrungen *klebenbleibt,* auch der bleibt unkreativ, weil er ein Gebiet – *sein* Gebiet – verteidigt gegen alles Neue.

Wir müssen, um mit der Kreativität in Kontakt zu kommen, nicht etwas in unser kleines, enges Ego-Territorium, in unsere Kenntnisse *hineinzwängen,* wir müssen uns *öffnen* für etwas, das größer ist als das, was wir im Augenblick wissen, sehen und wahrnehmen. Deshalb ist dazu auch *Mut* erfordert, denn niemand gibt so leicht die Schranken preis, in denen man sich sicher glaubt. Wer sich in die Gewohnheiten seines Egos einzwängt, der mag seine *Angst* verbergen, *kreativ* wird er nicht. Deshalb zeigt dieser kleine Blick in die Geschichte der Kreativität, daß wir *einerseits* alle an dieser geheimnisvollen Kraft teilhaben, andererseits konnte auch deutlich werden, daß man Mut braucht, die von der Angst errichteten Schranken unseres Egos abzutragen und die Antennen auf etwas zu richten, das uns im Innersten anspricht, wenn wir *hören* und darauf *achten.*

Die ganzheitliche Dimension der Kreativität

Wir haben also entdeckt, daß Kreativität ursprünglich einen hohen, ja den höchsten Rang in der menschlichen Werteskala einnahm. Gott gilt in vielen spirituellen Traditionen als die Personifizierung der Kreativität und darin als Quelle, als Schöpfer von allem. Wir konnten auch sehen, wie der schöpferische Aspekt aus der göttlichen Ferne immer mehr auf die Erde, in den Menschen selbst verlagert wurde, und heute stimmen viele dem Urteil zu, daß im Grunde *alle Menschen* kreativ sind oder wenigstens sein könnten.

Ich teile diese Auffassung, möchte aber zeigen, daß dies keine *Minderung* der Kreativität bedeutet, eher schon ein Mißverständnis. Wenn in der christlichen Tradition gesagt wird, daß Gott in Jesus Mensch geworden sei, so ist das keine Verkleinerung Gottes, sondern das Gegenteil. Ebenso ist die Aussage, daß Kreativität in jedem Menschen als die eigentliche Quelle und Lebenskraft wirksam ist, keine Verkleinerung dieser geheimnisvollen Fähigkeit. Wir *achten* sie nur viel zuwenig; wir wollen die Kreativität *beherrschen,* durch Kreativitäts*techniken* der menschlichen Berechnung verfügbar und gefügig machen. In unserer Kreativität finden wir uns aber *selbst*. Wenn sie nur *Diener* für äußere Interessen wird, dann geht nicht nur ihre innere Schönheit, ihr Glanz verloren, sie verliert auch an Kraft. Wir verlieren dann unsere innerste Freiheit.

Tatsächlich ist die ganzheitliche Struktur der Kreativität im alltäglichen kreativen Prozeß nicht verlorengegangen. Wir haben sie nur *vergessen,* wir haben nur die Ehrfurcht davor verloren, haben vergessen, hier einem wirklichen Wunder beizuwohnen. Ich möchte auf dieses Wunder der Kreativität, auf ihre ganzheitliche Dimension durch ein einfaches, alltägliches Beispiel hinweisen.

Betrachten wir eine »kleine« Kreativität, jene, die Handwerker jeden Tag anwenden, wenn sie einen einfachen Gebrauchsgegenstand herstellen, dabei aber durch kleine Veränderungen oder eine Neugestaltung durchaus auch kreativ wirken. Ein Töpfer stellt z.B. auf seiner Drehscheibe eine Vase aus Ton her, gibt ihr eine etwas andere, vielleicht neuartige Form. Wenn wir auf diese Tätigkeit *gewöhnlich* blicken, werden wir sagen: Der Töpfer hatte eine Idee, probierte sie aus, und sie funktionierte; die neue Vase ist fertig, kommt mit einer schönen Glasur in den Brennofen und wird den Kunden angeboten.

Doch dieser Blick ist schon verkürzt, verengt. Weiten wir unsere Achtsamkeit etwas aus und betrachten den *ganzen* Prozeß, in dem eine neue Vase entsteht. Da stehen wir vor dem ersten Rätsel: der *neuen Idee*. Man kann sich nicht hinsetzen und sagen, ich mache jetzt eine neue Idee, wie man einen Jahresabschluß in der Buchführung macht oder eine Suppe kocht. Weshalb eigentlich nicht? Nun, wir haben gesehen, daß kreative Produkte neu und wertvoll sind. Eine *neue* Idee kann man aber einfach deshalb nicht *machen*, weil man gar nicht wüßte, was man tun soll. Man *kennt* sie ja noch gar nicht. Und *wenn man sie kennt*, dann ist die Idee nicht mehr neu. Wir *machen* Ideen nicht. Eigentlich machen wir auch keine Gedanken. Wohl können wir auf unser Denken achten, es beruhigen und in geordnete Bahnen lenken. Oft laufen Denkprozesse automatisch in uns ab: Wir plappern mit uns selber, auch wenn wir das gar nicht wollen. Gedanken stehen nicht einfach in unserer Macht – ganz zu schweigen von *neuen* Gedanken.

Eine neue Idee *kommt* zu uns; wir machen sie nicht. Wir warten auf einen Einfall. Schon das Wort »Einfall«, das wir für eine neue Idee verwenden, zeigt etwas Empfangendes, etwas eher Passiv-Offenes: Die neue Idee *fällt ein* (wie gelegentlich unerwartete Gäste bei uns »einfallen«). Woher sie kommt, können wir nicht sagen. Man mag Tausende Erklärungen dafür anbieten, oder man mag durch Zufallsprozesse neue Ideen anregen – ob daraus eine *wertvolle* neue

Idee wird, ob die neue Idee also tatsächlich *kreativ* genannt werden kann, das zeigt sich erst im nachhinein. Die Herkunft großer neuer Ideen bleibt in einem seltsamen Dunkel. Arthur Koestler sprach vom »göttlichen Funken«. Die Göttin (die Muse), die uns den Einfall schenkt, bleibt verborgen.

Die neue Vase, die der Töpfer in unserem Beispiel dreht, kommt also aus einer geheimnisvollen, einer »geistigen« Quelle, und wir können die Menschen früherer Jahrhunderte eigentlich sehr gut verstehen, wenn sie diese Quelle mit tiefer Hochachtung und tiefem Respekt betrachteten. Zwar haben wir alle durch unseren Geist, genauer durch unsere Achtsamkeit Anteil an dieser Quelle, zugleich jedoch übersteigt sie unsere Individualität, unser Ego. Kreativität ist in ihrem Ursprung, bei der Entstehung neuer Ideen, *transpersonal*. Die neue Idee kommt nicht aus einem Ich – sonst müßte das Ich diese Idee ja schon kennen, bevor sie in den Geist tritt. Sicher, die Idee kommt nicht einfach aus dem *Nichts*. Sie reiht sich ein in viele andere Ideen, bewegt sich im sozialen Denkprozeß. Dennoch läßt sich für eine neue Idee nie eine *einzelne Ursache* angeben. Die Quelle der Ideen übersteigt individuelle Wünsche, Absichten, Hoffnungen oder Fähigkeiten. Ich lasse es offen, wie wir diese Quelle benennen: Geist, Natur, Gesellschaft usw. Das sind eher unwichtige Namen. Wichtig ist das Phänomen und das damit verbundene Geheimnis.

Dieses Geheimnis zeigt sich noch genauer, wenn wir den *ganzen* Prozeß betrachten, in dem ein kreatives Produkt entsteht. Blicken wir nochmals auf den Töpfer, der eine neue Vase fertigt. Wir können auf den ersten Blick sagen: Die Fähigkeiten des Töpfers, der Ton, die Drehscheibe und die Energie, mit der sie angetrieben wird, sind die Ursachen der neuen Vase – neben der neuen Idee zu ihrer Gestalt. Man könnte auch sagen, die Vase geht aus natürlichen (materiellen, energetischen) und geistigen Ursachen hervor – und wer geistige Prozesse auf Gehirnprozesse zurückführen möchte, der wird nur noch materiell-energetische Ursachen entdecken. Doch diese Betrachtung, wie differenziert sie auch sein mag, sieht nur einen kleinen Ausschnitt aus dem ganzen kreativen Prozeß, in dem eine neue Vase entsteht. Was wird übersehen?

Die Drehscheibe kann nur funktionieren, wenn der Ton fest auf der Scheibe liegt. Ursache dafür ist die Schwerkraft, die Beziehung dieses Stückchens Ton zur Erde, zu allen schweren Körpern. Um drehen zu können, benötigt der Töpfer einen freien Bewegungsraum. Der Raum, in dem er arbeitet, ist Teil des Raumes, der alle Körper und Wesen in sich birgt. Das Stückchen Ton ist ein Teil der Erde. Der Töpfer knüpft also an einen Millionen Jahre dauernden Prozeß der Erdentwicklung an, setzt ihn auf seine kreative Weise fort, nimmt an der Gestaltung eines kleinen Stückchens Erde aktiven Anteil.

Er selbst, der Töpfer, wird von dieser Erde ernährt, sein Körper ist verwandelte Nahrung, die ihm die Erde in ihren Lebewesen für viele Jahre geschenkt hat. In der Drehscheibe, dem elektrischen Antrieb konzentriert sich zudem die Mitarbeit vieler anderer Menschen, die diese Maschine herstellten, die auch für die Energieversorgung verantwortlich sind. Wenn die Energie aus einem Kohlekraftwerk stammt, dann verbrennt dort die in der Kohle gespeicherte Sonnenenergie von vielen Millionen Jahren. Schließlich entstammt die neue Idee zur Vase zwar einem geheimnisvollen Dunkel; doch sie reiht sich ein in viele andere »Vasen-Ideen«, die Menschen zuvor hatten und mit denen der Töpfer vertraut ist. Sie ist neu, kommt aber nicht aus dem Nichts. Der Töpfer macht sich zudem vielleicht eine Skizze der neuen Vase, beschreibt sie einem Mitarbeiter – kurz, er bewegt sich in vorausgesetzten sozialen Strukturen und Techniken seines Handwerks.

In der fertigen Vase, in ihrem Entstehungsprozeß konzentriert sich also nichts weniger als der gesamte Kosmos in seiner Entwicklung, die Erdgeschichte, die Evolution des Lebens, die Entwicklung der menschlichen Sprache und Gesellschaft. Die kleine Vase ist nicht nur Teil eines gewaltigen Werde-Prozesses, *in ihr selber* konzentriert sich das Ganze. Sie versammelt das Ganze in sich, auf eine neue Weise. Und dieses *neue* Versammeln des Ganzen in einem Punkt – das ist eigentlich das »Wesen« der Kreativität, ein Wesen, das jedes Individuum unendlich übersteigt. Dennoch könnte sich dieser Prozeß nicht ohne dieses einzelne Individuum vollziehen. Wir alle versammeln in unserem Denken, in unserem Handeln *das Ganze,* sind von diesem Ganzen abhängig, kommen aus ihm her und kehren dorthin zurück. Die Kreativität ist ein unaufhörlicher Prozeß, in dem sich in und aus dem Ganzen dessen Licht sammelt und seine Energie entfaltet, wie in einem Brennglas.

Diese Kraft, das Licht des Ganzen in unserem Leben zu sammeln, ist ebenso geheimnisvoll wie alltäglich. Ihr werden wir uns in den nachfolgenden Kapiteln ausführlich zuwenden. Diese Kraft ist die *Achtsamkeit.* Die Achtsamkeit ist jene seltsame, selbst dunkle, aber dennoch andere Dinge erhellende Kraft in uns allen, in und aus der sich das Ganze konzentriert und so die *kreative Intelligenz* ganz alltäglich entfaltet.

2 ■ Die dreifache Intelligenz

Was ist Intelligenz?

Jeder verfügt darüber, aber kaum jemand weiß so recht, was das ist: die Intelligenz. Tatsächlich ist die menschliche Intelligenz ein sehr komplexes und verwickeltes Phänomen. Eben deshalb ist die Art, wie über Intelligenz nachgedacht wird, nicht immer ein Musterbeispiel für intelligentes Verhalten. Um sagen zu können, ob und inwiefern ein Verhalten »intelligent« ist, ist ein *intelligenter Beobachter* vorausgesetzt. Man sieht nur, was man weiß, und man weiß nur, was man kann. Wer nur ein guter Mathematiker ist, kann die Intelligenz eines Kochs oder die soziale Intelligenz eines Krankenpflegers nicht beurteilen. Er sieht sie nicht, weil er nichts darüber weiß, und er weiß nichts darüber, weil er solche Fähigkeiten nicht hat. Die Tatsache, daß man Intelligenz häufig mit formalen Fertigkeiten verwechselt, hat den Intelligenzbegriff viel zu sehr eingeschränkt.

Vor allem wird bei der Betrachtung der Intelligenz häufig deren wichtigste Eigenschaft vergessen: die menschliche Kreativität. Intelligenz und Kreativität sind nicht etwa zwei verschiedene, völlig getrennte Bereiche des menschlichen Geistes. Im Gegenteil. Sie hängen sehr eng zusammen, und diesem Zusammenhang will ich in diesem Kapitel nachspüren. Dabei können die Leserin und der Leser zugleich das Territorium der eigenen Intelligenz erkunden. Eine Landkarte hierzu wollen die nächsten Seiten bieten.

Vielfach glaubt man, Intelligenz sei eine angeborene Eigenschaft – wie die Augenfarbe oder die Form der Nase. Es scheint viele Phänomene beim Menschen zu geben, die angeboren sind. Doch die Träger der Erbinformation (die Gene) sind im Vergleich zur menschlichen Intelligenz relativ begrenzt in Art und Umfang. Das darf nicht vergessen werden. Das menschliche Genom, die Summe aller menschlichen Gene, besitzt eine Informationsmenge, die auf einer CD-Rom Platz finden könnte. (Das entspricht etwa der Informationsmenge, die man zur Speicherung einer Bruckner-Sinfonie oder eines Albums der Rolling Stones benötigt.)

Das menschliche Gehirn besitzt eine viel größere Kapazität. Zwischen den Zellen der Hirnrinde, die man den meisten intelligenten Leistungen zuordnet, besteht eine schier unüberschaubare Möglichkeit der Verknüpfung. Man kann ihre Zahl wenigstens auf die Informationsmenge von *zwei Millionen* CD-Rom schätzen. Schon aus diesen Gründen ist es unmöglich, daß alle oder nur die meisten intelligenten Fähigkeiten angeboren sind.

Gewiß, es gibt teilweise große Unterschiede zwischen den Menschen, und vieles haben wir von den Eltern geerbt. Doch der größte Teil der menschlichen Fertigkeiten wird *erlernt*. Intelligenz zeigt sich nur, wenn wir etwas *tun*. Nur in unserem Verhalten – beim Sprechen, Lesen, Rechnen, Kochen, Malen usw. – zeigen sich unsere Fertigkeiten. Intelligenz hängt also immer davon ab, in welcher Situation, mit welcher Wahrnehmung und mit welchen erlernten Fertigkeiten wir handeln oder uns äußern. Das ist der Unterschied zu einer angeborenen Augenfarbe oder der Form einer Nase (und selbst in diesen Fällen kann die plastische Chirurgie nachhelfen).

»Intelligent« nennen wir ein bestimmtes Verhalten in einer spezifischen Situation. Was für eine Situation paßt, kann in einer anderen völlig verkehrt sein. Es gibt keine

positive, endgültige Definition von Intelligenz, sowenig wie wir Kreativität positiv definieren konnten. Was immer wir »intelligent« in einer Situation nennen, es kann in einer anderen Situation ganz anders erscheinen. Es ist sicher sehr gut, bei einer Aufregung im Büro ein paar Minuten die Augen zu schließen und sich zu sagen: »Du bist ganz ruhig«; beim Autofahren ist dieses Verhalten weniger intelligent, wenn wir uns über einen Raser ärgern. Es gibt viele Formen von Intelligenz, keineswegs nur das Rechnen, Kombinieren oder das räumliche Vorstellungsvermögen, das viele Intelligenztests messen wollen. Auch die Fähigkeit, mit den eigenen Emotionen umgehen zu können, gehört zum intelligenten Verhalten, und noch viel mehr.

Um zu verdeutlichen, was man unter intelligentem Verhalten verstehen kann, möchte ich wieder Dharmakirtis Trick anwenden. Intelligenz zeigt sich an einem bestimmten Muster des Verhaltens. Wir können dieses Muster als eine Art Landkarte in der Landschaft des Alltags betrachten. Wohl läßt sich nicht positiv definieren, welche Anwendung einer Karte oder welche Karte selbst »intelligent« genannt wird, aber wir können sagen, was die Karte auf jeden Fall *nicht* ist: »Die Karte ist *nicht* das Territorium«, so lautet ein bekannter Satz von Alfred Korzybski.

In unserem Verhalten, in unseren Handlungen sind wir nicht blind. Wir nehmen unsere Umwelt wahr und handeln gemäß dieser Wahrnehmung. Wenn wir von Intelligenz (oder von Kreativität) sprechen, müssen wir deshalb immer die Beziehung zu einer *ganzen* Situation diskutieren. Situationen unterscheiden sich aber von der Karte, mit der wir sie beschreiben. Und dieser Unterschied zwischen Karte und Landschaft verändert sich, er verändert sich mit uns und wir uns mit ihm.

Wir sind immer in Situationen – das ist so selbstverständlich, daß wir daran gewöhnlich gar nicht denken. Die Existenzphilosophen sprechen vom »situativen Dasein« des

Menschen. Wir handeln, denken, entscheiden immer in Situationen. Und wir tun das, indem wir uns auf die verschiedenen Aspekte der Situation erkennend, wahrnehmend, denkend, handelnd – mit einem Wort: »intelligent« – beziehen. Intelligenz ist die Art und Weise, wie wir uns auf Situationen beziehen, wie wir auf sie reagieren oder sie verändern.

Ein Stein ist nicht in einer Situation. Er bezieht sich nicht auf eine Umgebung, auf eine Umwelt. Deshalb kämen wir auch nicht auf den Gedanken, einen Stein »dumm« oder »intelligent« zu nennen. Wir unterscheiden uns von einem Stein eben dadurch, daß wir eine Umwelt wahrnehmen und gemäß dieser Wahrnehmung handeln. Die *Art und Weise* dieses Handelns können wir »intelligent« nennen. Wenn jemand nur wie ein Stein dasitzt, bewegungslos und stumm, dann haben wir keine Möglichkeit, etwas über seine Intelligenz auszusagen. Intelligenz ist also immer an ein bestimmtes Verhalten gebunden. *Intelligenz ist ein Prozeß.*

Ich kehre nochmals zum Satz von Alfred Korzybski zurück: »Die Karte ist nicht das Territorium.« Wenn wir in bestimmten Situationen handeln, dann geschieht dies auf unterschiedliche Weise. Immer aber verwenden wir dazu bestimmte »Karten«. Zwischen uns und die Situation ist etwas dazwischengeschoben, das uns Orientierung und Anleitung gibt. Eine Situation ist wie eine unbekannte Stadt, in der wir uns mit einem Stadtplan bewegen, oder wie eine unbekannte Landschaft, durch die wir mit einer Wanderkarte einen Weg suchen.

Hier mag man vielleicht einwenden: Wir benützen doch meist gar keine Karte, wir sehen doch ganz unmittelbar, daß dort ein Schreibtisch, eine Teetasse oder ein CD-Player stehen. Dieser erste Eindruck täuscht. Betrachten wir eine Teetasse dort auf dem Tisch. Für uns Menschen ist diese Situation klar strukturiert. Für alle Menschen? Es gab zahlreiche Kulturen, die weder Tische noch Teetassen kannten. Die Dinge sagen nicht von sich aus, was sie sind und bedeuten. Die Situation besteht nicht aus klar definierten Informationsstückchen, die alle mit einer Beschriftung versehen sind. Auf der Teetasse steht nicht »Teetasse«, und sie ist nicht mit einer Gebrauchsanweisung ausgestattet. Erst eine Karte verwandelt eine Situation in eine Ordnung, eine Struktur, in der wir Unterschiede machen können. Und wo finden wir diese »Karte«? In unserem Kopf, in unserem Geist, in unserem Denken.

Kinder müssen die Namen der Dinge erst langsam und in einem mühevollen Prozeß erlernen. Eine Teetasse erkennen erwachsene Europäer sofort. Aber wenn wir unseren Computer aufschrauben, wird die Zahl derjenigen, die darin einzelne Gegenstände mit ihren Namen benennen und ihrer Funktionsweise erklären können, schon sehr viel geringer. Oder werfen wir einen Blick durch ein Mikroskop: Nur wenige Experten kennen sich hier aus und können sagen, was sie sehen. Und wenn wir die besten Zutaten in einer Küche bereitlegen, so wissen viele nicht, wie man daraus ein köstliches Mahl bereiten kann. Ohne Karte, ohne Gebrauchsanweisung, ohne Wörter und Begriffe tappen wir im dunkeln.

Wir verwenden tatsächlich *immer* »Karten«, aber wir haben uns auch daran gewöhnt, dies zu tun. Deshalb haben wir es vergessen. Nur in fremder Umgebung, in einer neuartigen Situation wird uns klar, daß wir orientierungslos sind. Die ersten Tage an einem neuen Arbeitsplatz oder in einer fremden Stadt zeigen nachdrücklich, daß wir erst *lernen* müssen, uns in der unbekannten, neuartigen Umgebung zu bewegen. Wir benötigen eine Karte, einen Stadtplan oder eine Gebrauchsanleitung. Was wir sehen, hängt ab von dem, was wir wissen. Unser Wissen verändert sich aber jeden Tag.

Machen wir ein Gedankenexperiment: Versetzen wir uns in eine kleine Stubenfliege. Sie krabbelt den Tisch entlang und erreicht die vorher erwähnte Teetasse. Werden wir als Stubenfliege wohl von einem »Tisch« und einer »Teetasse« sprechen (sofern Fliegen sprechen könnten)? Wohl kaum. Der Fliege käme die Tischdecke und die Teetasse wohl eher so vor, wie uns bei einem Spaziergang eine Wiese und ein kleiner Berg erscheint. Es sind seltsame Berge, hinter denen sich Köstlichkeiten wie Zucker befinden können. Die Fliege kann sich orientieren, verwendet dazu aber eine ganz andere, vermutlich angeborene Karte als wir beim Teetrinken. Auch wir Menschen haben vermutlich einige solcher Karten in unseren Genen geerbt. Die meisten Karten aber, vor allem die Wörter und Begriffe, mußten wir erst mühsam erlernen.

Drei Arten der Intelligenz – über die jeder verfügt

Die menschliche Intelligenz ist vielfältig. Wenn man jedoch vom intelligenten Verhalten in Situationen ausgeht, wenn man »Intelligenz« als einen *Prozeß* versteht, dann lassen sich drei Arten der Intelligenz unterscheiden. Ich möchte diese drei Arten »Intelligenz I, II und III« nennen. In allen drei Formen der Intelligenz spielt die Kreativität eine Rolle, doch ihre Bedeutung nimmt schrittweise von I bis III zu.

Mit *Intelligenz I* bezeichne ich all jene Handlungen, in denen wir *Fertigkeiten* erlernen und anwenden. Die Intelligenz I bezieht sich auf das Erlernen und Anwenden von Karten in verschiedenen Handlungssituationen. Wir können hier auch von Gewohnheiten und Routine sprechen: Es geht um die Frage, wie sich Gewohnheiten bilden, wie sie funktionieren.

Die *Intelligenz II* setzt schon voraus, daß wir über Karten zur Orientierung und als Handlungsanleitung in Situationen verfügen. Sie bezieht sich auf ein *Entscheidungsproblem*, auf die *Auswahl* zwischen verschiedenen Karten, zwischen verschiedenen Handlungsalternativen. Dazu gehört, daß wir eine Situation entsprechend wahrnehmen und beurteilen, um dann die passenden Entscheidungen treffen zu können. Die Intelligenz II bezieht sich auf zwei Sachverhalte: Einmal wird jede Situation beurteilt und wahrgenommen, zum anderen kommen aufgrund dieser Wahrnehmung Handlungen zustande. Wir ordnen gleichsam jeder Situation eine bestimmte Wahrnehmungskarte zu, und wir wählen daraufhin eine Antwortkarte, ein Handlungsmuster aus.

Mit *Intelligenz III* bezeichne ich eine noch höhere Stufe. Die Intelligenz III setzt nicht nur erlernte Karten, erlernte Handlungsmuster voraus, sie bezieht sich auf die *Schwierigkeiten* der Entscheidung, der Auswahl zwischen verschiedenen Karten (Intelligenz II). Es gelingt uns sehr oft nicht, in bestimmten Situationen auf die richtige Weise zu handeln; wir fühlen uns unwohl mit unseren Entscheidungen. Wir haben ein Problem. Dieses Problem können wir nur aktiv lösen, wenn wir die *Wahrnehmung* der Problemsituation ändern, oder wenn wir über eine *neue* Idee verfügen, mit der wir das Problem aktiv bewältigen können. Die Intelligenz III bezieht sich also auf die *Veränderung* der Karten zur Wahrnehmung und zur Handlung.

Diese Form der Intelligenz III ist gleichsam »Kreativität pur«. Wenn wir bei Problemen keine Lösung finden, kommt unser Erleben ins Stocken. Angst, Wut und Trauer sind oft die Reaktion darauf. Da wir immer wieder mit neuartigen Situationen konfrontiert werden, auf die unsere alten, erlernten Fertigkeiten, die alten Karten nicht mehr passen, ist es sehr hilfreich, diese Intelligenz III einzusetzen. Man kann entweder ein Problem *festhalten* und darüber *klagen,* oder man *entscheidet sich zur Kreativität.*

Diese Intelligenz III ist nicht eine besonders seltene und nur wenigen Genies vorbehaltene Fähigkeit. Wir werden sehen, daß wir alle in reichem Maße über sie verfügen. Jourdain, eine Figur aus Molières Theaterstück »Der Bürger als Edelmann«, entdeckt eines Tages voller Begeisterung, daß er »Prosa« sprechen kann. Das ist natürlich komisch, denn jeder weiß, daß wir alle unaufhörlich »Prosa« sprechen, weil das gewöhnliche, alltägliche Reden und Schreiben eben »Prosa« heißt – im Unterschied zur Poesie, der Kunst, in Versen zu dichten. Uns ergeht es mit der Kreativität aber ganz ähnlich. Weil sie *immer* da ist, wissen wir nichts davon. Sie ist wie die Sphärenmusik der Pythagoreer: Pythagoras hatte behauptet, die Gestirne würden bei ihrem Umlauf um die Erde ein Geräusch, einen Klang erzeugen. Weil wir diesen Klang aber von Geburt an hören, nehmen wir ihn nicht mehr bewußt wahr.

Kreativität in ihrer reinen Form – als Intelligenz III – ist wie die Sphärenmusik. Sie ist immer da, wird immer »angewendet«, doch wir *achten nicht darauf*. Deshalb erweist sich die Achtsamkeit als Schlüssel zur Kreativität. Daß wir alle über diese Kreativität, über Intelligenz III verfügen, läßt sich sehr leicht zeigen: Ich hatte Intelligenz III durch *neue* Wahrnehmungen einer Situation oder *neue* Handlungs- und Verhaltensweisen definiert. Wenn Probleme auftauchen, Problemsituationen auftauchen, dann *hilft nur* die Intelligenz III, sie zu überwinden. Andernfalls würden wir gar nicht weiterleben. Wir lösen unaufhörlich kleine und große Probleme. Leben heißt: Problemlösen. Und das ist die Intelligenz III in kleiner oder großer Form. Leben und Kreativsein ist dasselbe.

Wie es aber große *Unterschiede* in der Lebensgestaltung und Lebenserfüllung gibt, so gibt es große Unterschiede in der Nutzung des kreativen Potentials. Um dieses Potential zu wecken, es immer besser und schöner zur Entfaltung zu bringen, dazu beschäftigen wir uns nachfolgend mit den verschiedenen Formen der Intelligenz etwas intensiver. Wir erlernen dadurch eine neue Karte zur Orientierung, und wenn wir diese Karte erlernt haben, dann können die ver-

39

schiedensten Situationen neu und anders wahrgenommen werden.

Die Karte ist nicht das Territorium. Im Territorium der Kreativität sind wir schon lange zu Hause. Viele wissen das aber gar nicht, sie sind wie Kinder, die in der schönsten Gegend aufwachsen und sich im dunklen Wohnzimmer vor dem Fernsehapparat Filme über ferne Landschaften ansehen. Jemand muß ihnen die Gegend zeigen, jemand, der über eine Karte für diese schöne Gegend verfügt.

Was wir können und was wir gewohnt sind (Intelligenz I)

Wenn wir in Situationen handeln, uns auf eine bestimmte Weise verhalten, so benutzen wir – bewußt oder unbewußt – eine »Karte«, ein Modell der Situation. Dieser Karte folgen wir. Karten sind Handlungsprogramme, die wir erlernt haben und im Gedächtnis aufbewahren. Wir haben gelernt, Gegenstände mit Wörtern zu bezeichnen, eine Situation in Sätzen zu beschreiben, wir können eine solche Beschreibung auch zu Papier bringen (als Bericht oder in einem Tagebuch). Daneben beherrschen wir unzählige solcher Handlungsmuster: Autofahren, Schreiben am Computer, Zubereiten einer Nudelsuppe, Klavierspielen usw. Gar nicht so selten benötigen wir tatsächlich für unser Verhalten in Situationen eine *fremde* Karte, die wir nicht aus dem Gedächtnis entnehmen: Stadtpläne, Gebrauchsanleitungen, Bücher, Zeitschriften, Reiseführer, technische Zeichnungen, Kochrezepte oder die Hilfe-Funktion bei einem Computerprogramm. Viele solcher »Karten« lernen wir auswendig und verwenden sie automatisch, einfach durch den täglichen Gebrauch.

Das Erlernen und Anwenden solcher Karten, die Ausübung von Fertigkeiten – all dies gehört zur Intelligenz I. Diese Karten sind nicht auf den technischen Bereich beschränkt. Wir erlernen auch körperliche Bewegungsmuster, wie beim Tanzen oder Turnen, beim Lesen, Schreiben oder beim Autofahren. Ferner kommen zahlreiche *emotionale* Reaktionsweisen hinzu. Die Intelligenz I umfaßt auch das, was »emotionale Intelligenz« genannt wird: Die Fähigkeit, auf bestimmte Weise emotional zu reagieren. Diese Fähigkeit kann weitgehend unbewußt sein, man kann sie aber auch verändern und bewußt machen. Es ist nicht erforderlich, auf eine Enttäuschung mit Wut oder Verzweiflung zu reagieren. Ist die erste Reaktion abgeklungen, dann kann man auch mit einem »Jetzt erst recht!« einen neuen Versuch wagen. All diese erlernten Handlungs- und Reaktionsweisen gehören zur Intelligenz I.

Mit unserer Intelligenz I *erlernen* wir Verhaltensweisen, Handlungsmuster, Karten; aber wir wenden das Erlernte auch *an.* Zweifellos gehört zu diesem Lernprozeß auch Kreativität, eine einfache, aber sehr wichtige Form der Kreativität: Das Erlernte ist neu und erfordert die Fähigkeit, achtsam zu sein, Neues zu erkennen und aufzunehmen. Und wenn wir etwas erlernt haben und in einer *neuen* Situation anwenden müssen, dann ist wieder Kreativität erfordert. Kreativität bezieht sich, wie wir schon aus dem ersten Kapitel wissen, immer auf etwas Neues: eine neue Handlungsweise, eine neue Fertigkeit, einen neuen künstlerischen oder technischen Gegenstand usw.

Beim Erlernen und bei der Anwendung von Karten, bei der Intelligenz I ist also auch Kreativität erfordert. Allerdings weist die Intelligenz I eine Besonderheit auf. Wenn man eine Karte lange genug benutzt, wenn man eine Handlung sehr oft ausführt, dann wird das zur Routine, zur Gewohnheit. Erlernte Fertigkeiten *müssen* zu einer Gewohnheit werden, sonst bleiben wir immer Anfänger beim Sprechen, beim Autofahren, beim Kochen oder in einer Wissenschaft. Die Intelligenz I könnte man als Entwicklung und Anwendung von Gewohnheiten beschreiben.

Gewohnheiten sind für unseren Alltag von äußerster Wichtigkeit. Wenn wir unaufhörlich in neue und unerwartete Situationen geraten würden – wie Alice im Wunderland –, dann könnten wir dies schon rein physisch nicht auf Dauer verkraften. Gewohnheiten – das Wort sagt es schon – sind das, worin man sich auch ausruhen, worin man gleichsam »wohnen« kann. In der gewohnten Umgebung ist es gemütlich, man entspannt und ruht sich aus, man braucht nicht beständig nachzudenken. Der Anthropologe Arnold Gehlen sagte, daß die Gewohnheiten die »höheren geistigen Funktionen entlasten«.

Betrachten wir als Beispiel das Autofahren. Hierbei brauchen wir nicht mehr auf unsere Füße oder Hände zu achten; die Achtsamkeit kann sich einem Gespräch, dem Radio oder dem Verkehr zuwenden. Gewiß, ein *Rest an Achtsamkeit* bleibt auf das Gaspedal, das Lenkrad, die Kupplung gerichtet. Und wenn es notwendig ist, können wir die unbewußt gewordene Fahrweise wieder ganz bewußt machen. Doch meist oder häufig versinken Gewohnheiten ins Unbewußte und geben so einen Raum frei, in dem sich die Achtsamkeit anderen Dingen zuwenden kann.

Allerdings liegt darin auch eine große Verführung, ja eine Gefahr. Viele unserer erlernten Karten sind unbewußt geworden, sind Routine oder automatische Fertigkeit. Wir dürfen aber nicht vergessen: Die Karte ist nicht das Territorium. In neuartigen Situationen funktionieren die Routinen nicht mehr. Der große Zen-Meister Shunryu Suzuki sagte: »Im Geist des Anfängers gibt es viele, im Geist des Experten nur wenige Möglichkeiten.« Gemeint ist: Wohl verfügt auch der Experte über viele Möglichkeiten, doch Routine und Gewohnheit haben einige wenige Karten so sehr in den Vordergrund gerückt, daß die vielen Möglichkeiten verdeckt und *unbewußt* geworden sind. Der Experte sieht nur wenige Möglichkeiten, wo der Anfänger vor einer offenen Weite steht.

Routine und Gewohnheit fesseln die Kreativität. Der Grund ist leicht verständlich: Was man kennt und kann, das gibt einem Sicherheit. Gewohnheiten sind bequem. Und ich wiederhole: Es ist wichtig und notwendig, sich auch in seinen Gewohnheiten entspannen zu können. Die Wiederholung von Routinen beruhigt, besänftigt den Geist. Deshalb gibt es in vielen Religionen *Rituale;* das sind Handlungen, die man ruhig und achtsam ausführt und dabei seinen Geist reinigt. Gewohnheiten können wie Rituale ausgeführt werden. Im Buddhismus gibt es die Übung des *Satipathanna.* Das ist keine besondere oder heilige Handlung. Man tut, was man immer tut: Geschirr abwaschen, einen Weg entlanggehen usw. Man achtet dabei aber auf jede der gewohnten Bewegungen. Rituale in anderen Traditionen haben dieselbe Funktion.

Gewohnheiten können also wie Rituale ausgeführt werden – doch das ist eher die seltene Ausnahme. Meist werden Gewohnheiten *unbewußt;* sie versinken im Ozean des Unbewußten und tauchen nur dann auf, wenn sie aufhören zu funktionieren, wenn es Probleme gibt. Unbewußt gewordene Gewohnheiten sind wie ein Mechanismus. Sie laufen automatisch ab. Wenn wir uns unbewußt und durch unsere Gewohnheiten gesteuert verhalten, dann unterscheiden wir uns eigentlich nicht von einem Roboter oder einem Lebewesen, das nur auf Reize automatisch reagiert.

»Die Gewohnheit wird zur zweiten Natur«, sagt Cicero. Darin liegt einerseits die Verläßlichkeit der Gewohnheiten, andererseits fallen wir Menschen hier gleichsam auf eine tiefere Stufe des Verhaltens zurück und werden zu Maschinen. Wir übergeben uns, mit Kant gesagt, »durch allmähliche Vernachlässigung der Achtsamkeit an die auf sich selbst zurückgezogene Gewohnheit«. Gewohnte, routinierte Handlungen führt man *mechanisch* aus. Man ist »geistig nicht bei der Sache«, funktioniert wie ein Roboter. Aus diesem Grund kann man auch *Routineaufgaben* sehr gut durch Maschinen ersetzen: einfache Handgriffe oder mechanische Tätigkeiten wie der Vergleich eines Textes mit einem Rechtschreibwörterbuch. Zuerst wurden viele Tätigkeiten normiert, klassifiziert und standardisiert, dann konnten diese Tätigkeiten schrittweise durch Maschinen ersetzt werden. Wir können unsere Intelligenz I inzwischen in fast allen Formen durch Maschinen ersetzen: durch Küchengeräte, Fertigungsstraßen bei der Autoherstellung, vor allem aber durch Computer. Die Gewohnheit wird nicht nur zur zweiten Natur, sie gerinnt auch zur Maschine, zum Computerprogramm, zur Automatik. Unsere Maschinen sind in Materie erstarrte Gewohnheiten.

Die Intelligenz I ist also nicht auf Menschen beschränkt: Das routinierte Handeln hat *einerseits* große Ähnlichkeit mit einem Computerprogramm, *andererseits* ist das Erlernen von bestimmten Verhaltensweisen etwas, was auch Tiere sehr gut beherrschen. Die Intelligenz I umfaßt auch das Tierreich und die Maschinen. Es gibt in der Psychologie eine Denkschule, die nur diese Form des Lernens anerkennt. Man sagt: Lernen sei eigentlich eine Aneignung von bedingten Reflexen, oder man geht davon aus, daß Menschen wie Computer programmierbar sind. Es ist nicht zu leugnen, daß dies ein wichtiger Aspekt des Lernens bleibt. Und vielleicht steht diese Form des Lernens auch am Anfang der Menschheitsentwicklung: Wir teilen die Intelligenz I mit dem Tierreich. Doch das ist ein unvollständiges Bild vom Menschen. Wir können mehr.

Man kann die Evolution der Lebewesen auch als schrittweisen Prozeß des *Erwachens* beschreiben. Die unbewußten Reflexe, die Reaktionen auf Reize durch angeborene oder erlernte Muster wurden nach und nach bewußt. Und mit dem Bewußtsein entstand auch die Möglichkeit, sich seiner Gewohnheiten, seiner »Karten« bewußt zu werden. Das wichtigste Ereignis hierbei war die Entwicklung der *Sprache*. Durch die Sprache bestand die Möglichkeit, einzelne

Verhaltensweisen zu *bezeichnen*. Und mit dem Unterschied zwischen den sprachlichen Zeichen – den Wörtern und Sätzen – und unseren anderen Verhaltensweisen entwickelte sich offenbar auch das Bewußtsein. Auch Tiere sind wach und beobachten; ihnen fehlt aber weitgehend die Möglichkeit, ihre Beobachtungen zu *bezeichnen*, ihnen Namen zu geben. Vielleicht heißt es deshalb im Schöpfungsbericht der Bibel, daß Adam den Dingen zuerst *Namen* gegeben habe. Dadurch konnte er den Baum der Erkenntnis von den anderen Bäumen unterscheiden, war in der Lage, sich selbst zu beobachten, und fand sich als tätiges Wesen in einer Welt voller Gegensätze, voller Disteln und Dornen wieder.

Cicero nennt die Gewohnheiten eine *zweite* Natur – er sagt nicht, Gewohnheiten seien wie die *eigentliche Natur*. Dieser Unterschied ist sehr wichtig für die Intelligenz I. Wir können als Menschen zwar wie Automaten handeln, wir können wie viele Tiere nur durch Reflexe reagieren, aber wir können mehr. Die meisten Fertigkeiten werden zunächst sehr aufmerksam und wach erlernt. Die ersten Fahrstunden im Auto waren sehr aufregend, die ersten Kochversuche in der Küche schmeckten oft versalzen oder verbrannt, und wer ein Musikinstrument spielt, weiß, wie mühsam es ist, ein Stück zu erlernen. Doch nach und nach wird ein Vorgang Routine und kann unbewußt werden – *man kann ihn aber wieder bewußt machen*. Das ist der wesentliche Punkt, an dem die Intelligenz I in die Intelligenz II übergeht. Wir lernen *achtsam*, aber die Achtsamkeit läßt mit wachsender Fertigkeit nach und wendet sich anderen, neuen Aufgaben zu. Doch die Gewohnheiten und Fertigkeiten versinken nicht für immer in einem dunklen Ozean, sie bleiben kurz unterhalb der Bewußtseinsschwelle. *Dann*, wenn eine Gewohnheit nicht mehr funktioniert, wenn eine Routine versagt, wachen wir auf, dann weckt die Achtsamkeit die Routinen aus dem Schlaf, dann stehen wir vor der

Frage, wie wir uns entscheiden sollen, was zu tun ist. Dann erwacht die Intelligenz II.

Entscheiden und Wählen (Intelligenz II)

Es soll eine südamerikanische Frosch-Art geben, die ein sehr einfaches Leben führt. Diese Frösche sitzen da und warten. Wenn vor ihren nicht sehr hoch entwickelten Augen *quer* ein Insekt vorbeifliegt, schießt die Zunge heraus. Dieser Frosch reagiert auf Bewegungen, die in seinem Gesichtsfeld von links nach rechts oder umgekehrt verlaufen. Bewegt sich etwas auf ihn zu, so kann er das nicht erkennen. Kommt also ein Raubtier direkt auf ihn zu, so wird er von ihm gefressen; er sieht gar nicht, wie er gefressen wird. Es muß offenbar in seiner Heimat mehr quer fliegende Insekten als frontal angreifende Feinde geben, sonst hätte er nicht überlebt.

Nun gibt es auch Menschen, die sind fast wie dieses kleine Tier. Sie teilen die Welt in schwarz und weiß, gut und böse, rechts und links ein, und sie versuchen, damit durchzukommen. Diese Verhaltensweise ist gar nicht besonders selten. Wir alle gehören zu diesen Menschen: Wir unterscheiden sehr genau zwischen Mein und Dein, zwischen Ich und Du, zwischen Inländern und Ausländern, Männern und Frauen, Gläubigen und Ungläubigen oder einfach nur zwischen »uns« und »den anderen«. Was auch geschieht, wir versuchen diese Unterschiede aufrechtzuerhalten. Wir benutzen also nur die Intelligenz I, um uns in veränderten Situationen zu orientieren.

Doch diese Methode funktioniert nicht immer, wenigstens bereitet sie große Schwierigkeiten, wenn die Welt nicht nur schwarz und weiß ist, wenn es viele Grautöne dazwischen gibt, wenn gar noch *Farbe* ins Spiel kommt. Meist *wissen* wir sehr genau, daß es viele Möglichkeiten der Interpretation einer bestimmten Situation gibt. Wir kennen auch viele Alternativen – leider haben wir uns aber daran gewöhnt, nur *eine* Variante, ein Muster, eine Handlungsweise anzuwenden. *Beispiele:* Ich fühle mich etwas müde, *also* trinke ich eine Tasse Kaffee; es ist gleich zwölf Uhr, *also* muß ich in die Kantine zum Essen; Peter bezeichnet mich als »Feigling«, *also* muß ich sofort wieder mit ihm streiten. – Unser Alltag ist angefüllt mit solchen Mustern. Wir haben uns so sehr an die Verwendung *einer* Karte gewöhnt, daß wir das Territorium gar nicht mehr sehen wollen: Wir sehen nur noch die Karte.

Die Karte ist so oft verwendet worden, daß wir sogar *vergessen* haben, wie wir sie benutzen. Jedes der genannten kleinen Beispiele ist solch eine Karte, eine *fast unbewußt* gewordene Karte. Wir verhalten uns zwar intelligent, aber wir bleiben bei der Intelligenz I stehen. Viele solcher Muster für Handlungen sind auch zu einer Art Glaubensüberzeugung geworden. »Wenn man müde ist, dann *muß* man Kaffee trinken« – »Mittags *geht man* eben in die Kantine« – »Peter *ist* eben so, daß man mit ihm streiten *muß*«, so oder ähnlich lauten diese Glaubensüberzeugungen. Sie sind alle in der Sprache der Intelligenz I formuliert.

Um nicht mißverstanden zu werden: Viele solcher »Glaubensüberzeugungen« sind für unser Zusammenleben absolut notwendig. Es gibt eben Regeln, die man *nicht* in Zweifel zieht. Das sind die Regeln der Ethik. Das griechische Wort »Ethik« lautet *ethos,* und *ethos* bedeutet auch soviel wie »Gewohnheit« oder »Tradition«. Man kann einer Tradition folgen, weil man sonst fürchtet, als Außenseiter dazustehen oder Strafe erleiden zu müssen. Weit klüger und sinnvoller ist es allerdings, wenn man aus *Einsicht* handelt, nicht aus Gewohnheit oder Routine. Wenn ich eine ethische Regel bewußt akzeptiere und annehme, dann erst wird sie zu menschlichem Handeln. Gehorcht man nur aus Furcht vor Strafe einer Regel, dann ist die Ethik ein bloßer

Mechanismus. Man könnte dann sein Gewissen durch einen Computer ersetzen.

Es gibt also Regeln, Karten, Gewohnheiten, die wir gerne und bewußt beibehalten; wir tun dies aus Überzeugung. Doch diese Regeln sind in der Minderzahl, verglichen mit den Tausenden von alltäglichen Verhaltensweisen, die wir nicht aus Überzeugung, sondern aus Gewohnheit festhalten. Wenn wir eine moralische Vorschrift – z.B. »man schützt Kinder vor Gefahren« – aus *Überzeugung* anwenden, dann haben wir uns bereits von der Intelligenz I gelöst und verwenden Intelligenz II: Wir *entscheiden* uns für eine bestimmte Handlung. Dasselbe gilt für jede Verhaltensweise, die wir *bewußt nach einer Entscheidung* ausführen.

Inwiefern sprechen wir hier von »Intelligenz«? Entscheidungen beruhen auf *zwei* Elementen. Jede Entscheidung wird in einer bestimmten Situation getroffen. Also muß diese Situation zuerst wahrgenommen und beurteilt werden. Wir benötigen eine Karte für diese Situation, eine Karte, die uns die Möglichkeiten aufzeigt. In einem zweiten Schritt entscheiden wir uns dann *anhand* dieser Karte für eine bestimmte Handlungsweise. Wir verfügen über viele Handlungsmöglichkeiten, besitzen viele Fertigkeiten. Also müssen wir – mit Blick auf die Karte – eine Handlungsweise *auswählen*. Man könnte auch sagen: Jede Entscheidung besteht aus der Auswahl einer Karte zur Wahrnehmung der Situation und aus der Auswahl einer Handlungsweise.

Ich will das etwas verdeutlichen. Wählen wir zunächst ein ganz einfaches Beispiel. Wir sind in einer fremden Stadt, haben Hunger und suchen zur Erholung ein angenehmes Restaurant. Es gibt nun mehrere Möglichkeiten, dieses Problem zu lösen. Wir können die Schilder an den Häusern als Orientierung, als Karte verwenden. Auf diese Weise werden wir die unbekannten Straßen entlanggehen und nach der Aufschrift »Restaurant«, »Speiselokal«, »Gasthaus« usw.

suchen. Wir bewegen uns sozusagen im Territorium und suchen nach Hinweisen zur Lösung unseres Problems (wir wollen etwas essen). Hier benutzen wir einfach die Tatsache, daß das Territorium – die Stadt – selbst mit vielen Karten (z.B. Speisekarten auf der Straße) reichlich ausgestattet ist. Bei einer Bergwanderung würde diese Methode nicht funktionieren. Hier müßten wir auf eine Karte zurückgreifen, auf der eine bewirtschaftete Hütte eingezeichnet ist. Auch in der Stadt können wir einen Stadtplan benutzen; die meisten Stadtpläne besitzen ein Verzeichnis von Restaurants. Diese Methode ist offensichtlich effektiver, denn sie erspart uns viele Umwege.

Wir könnten aber auch in ein Geschäft gehen und uns erkundigen, oder wir setzen uns in ein Taxi und fragen den Taxifahrer. In diesem Fall verwenden wir die Karte der Stadt, die jemand anders auswendig gelernt hat – der Taxifahrer muß sogar eine Prüfung dafür ablegen. Kurz: Wir benötigen zuerst eine Orientierung in der neuen Situation (in der neuen Stadt), wir benötigen zuerst eine Organisation unserer Wahrnehmung. Wir geben nicht, wie Adam im Paradies, selber den Dingen einen Namen, aber wir verwenden eine Namengebung, die wir auf einem Stadtplan (oder im Gedächtnis eines Taxifahrers) vorfinden. Dann entscheiden wir, wohin wir gehen, und wählen so ein Restaurant.

Ähnlich verhalten wir uns in allen Entscheidungssituationen. Allerdings sind uns die beiden wesentlichen Elemente – Auswahl der Karte und Auswahl der Handlung – meist kaum bewußt. Sich diese beiden Elemente bewußtzumachen, ist jedoch eine wichtige Hilfe zur Entdeckung der eigenen Kreativität, *jener* Form der Kreativität, die wir Intelligenz II genannt haben. Vor allem die *Auswahl der Karte* ist eher selten bewußt.

Betrachten wir eine andere Situation. Wir treffen auf der Straße eine alte Freundin, mit der wir im Streit auseinandergegangen sind. In solch einer Situation besteht die große

Gefahr, sich nur auf die Intelligenz I zu verlassen und mechanisch zu reagieren. Man weicht der Begegnung vielleicht aus, indem man plötzlich sehr auffällig in einer Aktentasche herumkramt, mit seinem Handy spielt usw., oder man fängt sofort wieder an zu streiten. Beides sind mechanische, eher durch Furcht gesteuerte Reaktionen. Inwiefern spielt hier eine Karte eine Rolle? Gibt es überhaupt die Möglichkeit einer Wahl? Es gibt sie. Die »Karte« ist in diesem Fall in der Wahrnehmung der Situation verborgen. Wir sehen eine alte Freundin, legen aber sogleich eine Folie darüber: die Folie der Erinnerung an den letzten Streit. Dieser alte Streit ist vielleicht schon längere Zeit her, wir haben ihn beiseite geschoben, seine Ursache vergessen. Mit dieser Freundin haben wir viele Stunden verbracht, in denen wir überhaupt nicht zankten – im Gegenteil. *Diese* Erinnerungen sind auch Karten. Wenn wir eine dieser Karten auswählen, dann befinden wir uns buchstäblich in einer anderen Situation. Wir treffen einen bekannten, geliebten Menschen nach längerer Zeit. Mit solch einer Karte werden wir ganz anders handeln können, ganz andere Handlungsalternativen können zur Anwendung kommen. Vielleicht wird keine neue Freundschaft daraus, aber doch ein nettes Gespräch, bei dem Erinnerungen ausgetauscht werden.

Halten wir fest: Die Handlungsmöglichkeiten, zu denen wir uns entscheiden können, hängen auf sehr kritische Weise davon ab, welche Karte wir verwenden. Jede Karte eröffnet *Möglichkeiten*. Bei ziellosem Herumlaufen auf der Suche nach einem Speiselokal gehen wir vielleicht genau an einer Seitenstraße vorbei, in der unsere Lieblingsspeise besonders gut und billig angeboten wird (der Taxifahrer hätte es gewußt); wenn wir nur *die* Freundin sehen, mit der wir gezankt haben, dann verbauen wir vielleicht viele Möglichkeiten für ein Gespräch. Die Intelligenz II bezieht sich auf die Fähigkeit, Karten, über die wir in unserem Gedächtnis bereits verfügen, auch tatsächlich anzuwenden. Wir reagieren *nicht* unbewußt und mechanisch, oft begleitet von Emotionen, die uns gar nicht gefallen, wir reagieren *kreativ* gemäß der Intelligenz II: Wir machen uns erst klar, wie wir die fragliche Situation beschreiben wollen. Sehr oft genügt es, eine Situation nur *anders wahrzunehmen,* um Probleme zu lösen.

Mit jeder Karte sind bestimmte Reaktionsmuster, Handlungsweisen, Fertigkeiten verbunden. Wenn man etwas *als etwas* erkannt hat, kann man entsprechend handeln. Dieses Wörtchen »als« verbirgt viel mehr, als es den Anschein hat. Immer, wenn wir etwas *als* etwas wahrnehmen, zeigt sich – vielleicht nur für einen Sekundenbruchteil – die Möglichkeit, unsere Intelligenz II anzuwenden. Man kann eine Untertasse *als* Aschenbecher verwenden, einen Stuhl *als* Leiter, um ein Buch im Bücherregal zu erreichen usw. Computerfreaks erzählen gerne den Witz, daß jemand (Computerfreaks verwenden hierfür das Schimpfwort »User«), daß also ein *User* bei einer PC-Firma anrief und sich beschwerte: die Kaffeetassenhalterung am PC sei defekt. Einige Rückfragen ergaben, daß das CD-Rom-Laufwerk gemeint war, auf dem offenbar die Kaffeetasse Platz gefunden hatte. Das ist auch ein »als«, ein CD-Rom-Laufwerk *als* Untertasse. Auch in diesem »als« verbirgt sich die Anwendung einer Karte auf das Territorium einer Situation. (Ich werde auf dieses »als« im fünften Kapitel ausführlich zurückkommen.)

Entscheidungen (Intelligenz II) beziehen sich nicht nur auf Handlungsalternativen – z.B. welche Speise wähle ich auf der Speisekarte? Wohin fahren wir in den Urlaub? Entscheidungen setzen bereits sehr viel früher ein: bei der Auswahl der Karte, der Interpretation oder Wahrnehmung einer Situation. Es ist eine sehr gute Regel, bei Problemen und zur systematischen Entwicklung von Intelligenz II folgendes zu sagen: *Verändere die Situation – oder verändere ihre Wahrnehmung.*

Wir denken *gewöhnlich* gar nicht an die Entscheidung für die Wahrnehmung einer Situation, so sehr sind wir schon in Gedanken beim Handeln, bei der Veränderung. Auch die Auswahl einer Handlung, einer Reaktionsweise entspricht der Anwendung von Intelligenz II – und meist denkt man bei Entscheidungen nur an diesen Aspekt. Handlungsalternativen können aber nur in einer *erkannten* Umgebung funktionieren, und alle Erkenntnis bedient sich bestimmter Karten, um die Umgebung einzuteilen, zu klassifizieren.

Wir werden später noch Möglichkeiten kennenlernen, wie man die Wahrnehmung von Situationen verändern kann, wie man sich der Karten bewußt wird, über die unser Gedächtnis reichhaltig verfügt. Hierbei wird das Wörtchen »als« eine wichtige Rolle spielen. Im Augenblick genügt es, wenn wir verstehen, daß vor jeder Handlungsentscheidung eine (meist unbewußte) Entscheidung für eine bestimmte Wahrnehmung liegt.

Es gibt einen Werbespot für eine englische Tageszeitung – mein Lieblingsspot –, der das sehr schön verdeutlicht. Zunächst sieht man, wie ein Mann davonrennt. Die Situation scheint klar, er fürchtet sich vor etwas. Dann wird die Situation in anderer Perspektive gezeigt: Man sieht, daß dieser Mann nicht von etwas weg, sondern auf etwas zu rennt: Er springt einen anderen Passanten an und reißt ihn zu Boden. Alles klar: ein Überfall. Doch eine dritte Einstellung zeigt wieder eine ganz andere Perspektive. Nun sieht man, daß aus dem oberen Stockwerk eines Hauses ein großer Blumentopf herunterfällt. Der vermeintliche Angreifer reißt den ahnungslosen Passanten am Boden zur Seite, um zu verhindern, daß er von dem herabfallenden Blumentopf getroffen wird. Eine Situation, drei verschiedene Karten zu ihrer Interpretation.

In diesem Fall führt jede Beschreibung der Situation zu einer anderen *Bewertung*. Die Karte ist eben nicht das Territorium. Mit jeder alternativen Beschreibung ergeben sich andere Handlungsalternativen. Ein Richter, der den im Werbespot gezeigten Fall zu beurteilen hätte – wenn wir jeder Perspektive eine Zeugenaussage zuordnen –, käme für jede Beschreibung zu einem ganz anderen Urteil. Ebenso gelangen *wir* bei anderen Wahrnehmungen zu neuen Möglichkeiten und Entscheidungen.

Mit der Intelligenz II verfügen wir also über eine doppelte Fähigkeit: Sie erlaubt uns, Situationen basierend auf unserer Erfahrung und unserem Wissen alternativ zu beschreiben, und sie erlaubt uns, daran anknüpfend aus verschiedenen Handlungsalternativen auszuwählen, über die wir verfügen. Vielfach operiert die Intelligenz II auf einem sehr einfachen, unscheinbaren Niveau. Die Kreativität in dieser Form versteckt sich gerne und wirkt eher unauffällig.

Betrachten wir zur Verdeutlichung einen anderen Fall: Wir gehen eine Straße entlang, ein Hit aus den Charts kommt uns in den Sinn, den wir unlängst im Radio gehört haben. Daraufhin ändert sich unsere Wahrnehmung. Wir halten – vielleicht mehr oder minder unbewußt – nach einem Plattengeschäft oder einem Kaufhaus mit CD-Abteilung Ausschau, weil wir dieses Stück gerne auf CD besitzen würden. Ähnlich ergeht es uns mit anderen Kaufwünschen. Ein Gedanke an etwas, was wir schon lange haben wollten, verändert die Wahrnehmung: wir teilen die Geschäfte am Straßenrand plötzlich ein in »brauchbar für unseren Kaufwunsch« oder »unbrauchbar«. Die Melodie, die uns einfiel, oder der Kaufwunsch sind wie eine neue Karte, mit der wir die Situation (den Bummel durch die Stadt) anders und neu beschreiben; die nachfolgenden Handlungen orientieren sich dann an dieser neuen Wahrnehmung der Situation (der Straße und angrenzender Geschäfte).

Über ähnliche Erfahrungen verfügt jeder, und einige solcher Erfahrungen können sogar etwas neurotische Züge annehmen. Wer viel über Viren und Bazillen liest, der glaubt, alles, was er berührt, könne zu Ansteckung führen. Nicht das Territorium, die Karte verursacht hier die Furcht vor

Ansteckung; niemand kann Viren sehen. Aber wir können vor unsere Wahrnehmung eine Karte, einen Gedanken, eine Angst schieben und sehen dann nur noch das, was uns die Angst einflüstert. Auch das Gegenteil ist richtig. Wenn uns ein Zettel in die Hände fällt, den ein geliebter Mensch geschrieben hat, dann glauben wir in dem Stück Papier auch ein Stückchen seiner Gegenwart in Händen zu halten.

Ich war einmal zutiefst bewegt, als mir bei einer Einladung eine Nachfahrin des Philosophen Friedrich Wilhelm Joseph Schelling einige seiner privaten Papiere zeigte, die sie geerbt hatte. Darunter war auch ein reizender Brief Goethes, in dem eine getrocknete Blume lag. Papier und Blume waren nicht sonderlich beeindruckend, auch konnte ich die Schrift kaum entziffern. Dennoch wagte ich es kaum, das Papier zu berühren, aus Ehrfurcht vor dem großen Denker. Nur weil ich *wußte*, daß es von Goethe stammte, war ich tief beeindruckt. Es war also gleichsam die »Karte der Ehrfurcht« vor unseren geistigen Vorfahren, mit der ich diese Situation interpretierte und die meine Wahrnehmung bestimmte. Ebenso ergeht es uns an wichtigen historischen Stätten, in Gebäuden oder an Plätzen, von denen wir *wissen*, daß sich dort etwas Bedeutendes zugetragen hat. Nicht zufällig benötigen wir im Museum vor oft kaum beeindruckenden Fragmenten, Steinen usw. einen *Katalog*, um etwas zu *sehen*. Lesen wir etwas darüber oder erklärt uns jemand Details, dann *sehen* wir auch mehr und anderes. Und das verändert unsere Handlungen.

Entdecken von Neuem (Intelligenz III)

Der japanische Verhaltensforscher Syunzo Kawamura beschrieb 1959 in einem Forschungsbericht über das Verhalten von Rotgesichtsmakaken, einer japanischen Affen-Art, eine interessante Beobachtung: Makaken-Affen können nicht nur kreativ sein, sie geben auch ihre neuen Entdeckungen weiter. Es entsteht innerhalb einer Gruppe von Tieren sogar eine Tradition. Ein Affe machte eine neue Entdeckung. Pflanzensamen sind eine bevorzugte Speise von Makaken. Es ist aber schwierig, die Pflanzensamen vom Sand zu trennen, auf den sie fallen. Der kreative Affe entdeckte, daß man Sand und Samen zusammen einfach ins Wasser werfen muß. Der Sand geht unter, und der Samen schwimmt auf dem Wasser. In dieser Makaken-Welt war dies sicherlich eine ebenso revolutionäre Entdeckung wie in unserer Welt das Mobiltelefon.

Nicht genug, daß ein Affe diese neue Trenntechnik entdeckt hat, andere Affen seiner Gruppe ahmten das Verhalten nach, und später gaben die Tiere es an ihre Nachkommen weiter. Diese neue Technik wurde in der Affenwelt zu einer Tradition, die von Jungtieren immer wieder erlernt wurde. Es kann keinen Zweifel geben, daß der Makake, der diese Technik zuerst entdeckte, *kreativ* war. Und wir können an diesem Fall sehr schön die drei Arten der Intelligenz verdeutlichen. Kawamura berichtet, daß die älteren Tiere bei der Übernahme der neuen Verhaltensweise zurückhaltend blieben; sie pickten immer noch die Samenkörner aus dem Sand. Für sie war Wasser eben Wasser, und Sand war Sand. Sie behielten ihre alten Karten bei. Anhand dieser alten Karten verhielten sie sich auf althergebrachte Weise. Auch die älteren Tiere wurden weiterhin satt; die herkömmliche Technik funktionierte weiter – auch mit Intelligenz I gelangt man ans Ziel.

Doch die Jungtiere gingen einen Schritt weiter: Sie bezogen die neue Verhaltensweise in ihr Verhaltensrepertoire mit ein und verfügten fortan über wenigstens zwei Techniken, den Samen vom Sand zu trennen. Sie beobachteten andere Tiere, die diese Technik bereits anwandten. Diese Beobachtung wurde – im Gedächtnis gespeichert – zu einer alternativen Karte. Die Makaken konnten sich nun entscheiden, welche Verhaltensweise sie wählen wollten – und die meisten Jungtiere entscheiden sich für die Wasser-Methode, weil sie einfacher war. In diesem Fall hatten die Affen bereits eine einfache Form der Intelligenz II ins Spiel gebracht: Sie erkannten Alternativen und trafen offenbar eine Entscheidung.

Einer der Makaken war jedoch noch einen Schritt weiter gegangen. Er war es, der die neue Technik entdeckte. Er konnte nicht auf eine angeborene Verhaltensweise zurückgreifen, auch hatte ihm diese neue Methode niemand gezeigt; es gab sie ja noch gar nicht. Der kreative Makake wandte nicht eine alte Methode (Herauspicken aus dem Sand) an – Intelligenz I –, er konnte auch nicht auf alternative Methoden zurückgreifen und auswählen – Intelligenz II –, er erfand eine *neue* Methode, und das ist Intelligenz III, die kreative Intelligenz in ihrer reinen Form. Auch bei Intelligenz I und II ist Kreativität im Spiel: Beim Erlernen einer neuen Fertigkeit oder bei der Übertragung einer erworbenen Fertigkeit auf eine etwas veränderte Situation. Und bei der Auswahl zwischen Alternativen, bei Entscheidungen muß man auch auf eine veränderte, damit in gewisser Weise neuartige Situation reagieren und insofern kreativ handeln. Doch erst durch die Intelligenz III erschafft man *neue* Karten, *neue* Verhaltensweisen, *neue* Handlungsmuster.

Mit der Intelligenz III wenden wir unsere Fertigkeiten nicht an, wie bei der ersten Form der Intelligenz, wir wählen auch nicht aus und entscheiden (Intelligenz II), mit der *kreativen Intelligenz* verändern wir die Karten, die unser Handeln lenken. Unsere Intelligenz III reagiert auf eine Situation nicht durch Gewohnheitsmuster und Routinen, die Intelligenz III *reagiert kreativ*. Wie wir sehen konnten, können auch Tiere kreativ reagieren, können ihre Umwelt neuartig wahrnehmen und darauf aufbauend neue Verhaltensweisen entdecken. Kreativität ist also kein menschliches Privileg; sie gehört auf gewisse Weise immer schon in die Natur. Man kann, mit einiger Vorsicht, auch die Natur oder den Kosmos »kreativ« nennen. Neuerungen geschehen nicht erst in der Menschenwelt. Das ist ein wichtiger Hinweis darauf, daß man offenbar die Natur nicht einfach nur *mechanisch* beschreiben kann. Schon Plotin sagte zu seinen Zeitgenossen, die in der Natur mechanische Hebelwirkungen am Werke sahen: »Man muß aber auch das mechanische Hebelspiel fernhalten von dem Schaffen der Natur.«

Kreativität, Intelligenz III, ist nicht etwas, was nur den Göttern oder ausgewählten Genies vorbehalten ist. Wir haben sie aus der Natur geerbt, ebenso wie unsere Neigung, Gewohnheiten zu bilden. Verbirgt sich allerdings schon die Intelligenz II im Alltag hinter einem Berg aus Routine und Schwarz-weiß-Denken, so gilt das um so mehr für die Intelligenz III. Sie ist nicht von anderen Formen intelligenten Verhaltens zu trennen, sie schlummert immer schon verborgen in der Intelligenz I und II. Und wir werden noch sehen, inwiefern die Kreativität sogar die eigentliche *Grundlage* allen intelligenten Verhaltens ist. Doch ebenso mächtig wie die Kreativität ist der Schleier der Gewohnheit, des Unbewußten, der Unterschätzung der eigenen Möglichkeiten.

Blicken wir nochmals kurz auf das Erlernen und Anwenden von Fertigkeiten, auf die Intelligenz I also. Wenn wir eine Fertigkeit – wie das Klavierspielen oder das Autofahren – *neu* erlernen, dann ist dieses Erlernen ein kreativer Vorgang. Die jungen Makaken, die jene Wasser-Technik zuerst durch Nachahmung übernahmen, mußten diese Fertigkeit jeweils neu erproben. Für jeden Lernenden ist auch eine uralte Kunstfertigkeit etwas Neues und das Erlernen selbst ein kreativer Prozeß. Man kann das auch daran erkennen, daß bei einer *Nachahmung* in mehr oder weniger geringem Umfang etwas Neues entsteht. Wer das Klavierspielen erlernt, der entwickelt nach und nach einen gewissen eigenen Stil. Jedes Klavierspiel unterscheidet sich vom

57

anderen, jede Kochkunst ist individuell, und jeder hat seinen eigenen Fahrstil beim Autofahren. Das ist ein deutlicher Hinweis darauf, daß auch eine nachgeahmte Fertigkeit auf gewisse Weise ein kreativer Prozeß ist. Wir können über die Intelligenz I nur verfügen, wenn wir dabei die Intelligenz III ins Spiel bringen.

Nicht nur für das Lernen, auch für die *Anwendung* von Fertigkeiten, die Ausübung von Routinen gilt das. Es gibt keine zwei Situationen, die sich völlig gleichen. Jede Handlungsweise muß deshalb an eine neue Situation angepaßt werden. Beim Kochen ist das Gemüse verschieden, das wir gemäß eines gewohnten Rezeptes verwenden; der Verkehr auf der Straße ist immer wieder anders und verlangt auch vom routinierten Autofahrer stets eine neue Anpassung an die Verkehrslage. Routinen können nicht einfach nur abgespult werden, es ist eine immer wieder neue Anpassung notwendig. Diese Anpassung, diese *Adaption* an neue Situationen macht zur Nutzung der Intelligenz I die Kreativität notwendig.

Dasselbe gilt für Entscheidungen und die Auswahl aus bestimmten Möglichkeiten (Intelligenz II). Entscheidungen sind in ihrem Wesen kreativ, weil sie sich auf neue, veränderte Situationen beziehen. Die neue Situation verrät uns nicht von sich aus, wie wir zu handeln haben. Der Nebel auf der Straße und ein entgegenkommendes Fahrzeug rufen uns nicht zu: »Tempo verlangsamen, rechts fahren usw.« Niemand kann uns die Entscheidung, die *kreative Entscheidung* abnehmen. Wir werden beim Fahren im Nebel nicht durch eine *neuartige* Handlungsweise reagieren: Die Betätigung von Bremse, Schalthebel und Kupplung folgt einem Routinemuster. Dennoch setzt diese Routine zuerst eine Einschätzung der Situation und eine rasche Entscheidung voraus, wie wir reagieren sollen. Auch hier erweist sich also die Intelligenz II (Auswahl und Entscheidung) untrennbar mit der Kreativität verknüpft.

Allerdings gibt es Situationen, in denen die Kreativität selbst besonders deutlich hervortritt. Das ist vor allem bei bislang unbekannten Problemen der Fall. Was sollen wir tun, wenn ein Freund, der uns versprochen hatte, bei einem Umzug zu helfen (und der immer zuverlässig war), einfach wegbleibt? Was tun, wenn wir plötzlich unsere Arbeitsstelle verlieren? Wenn der Schlauch der Waschmaschine geplatzt ist und sich das Wasser in die Küche ergießt? Aber auch im Positiven: Was ist zu tun, wenn uns jemand ein überraschendes Angebot für eine interessante Tätigkeit macht? Wenn wir Geld erben? Wenn uns ein heimlich verehrter Mensch seine Liebe gesteht? Das Leben verläuft nicht in einem ruhigen, vorhersehbaren Strombett. Es gibt viele überraschende Wendungen, Untiefen, Strudel, aber auch unvorhergesehene neue Ufer, nicht erwartete Aussichten. Der Strom des Lebens ergießt sich in eine unbekannte, offene Weite. Diese offene Weite ist es, die uns unaufhörlich herausfordert zur kreativen Reaktion auf das Überraschende. »Erwarte das Unerwartete«, empfahl schon Heraklit.

Das Leben fordert uns unaufhörlich durch neue Situationen heraus, es hat uns aber auch mit einer Gabe versehen, auf das Unerwartete zu reagieren: mit der Gabe der Kreativität, der dritten und subtilsten Form unserer Intelligenz. Diese kreative Intelligenz schlummert in jedem. Sie *schlummert* oft nur, aber sie ist da und wartet darauf, entdeckt zu werden. Fast alle Menschen außerhalb des Drills der Kasernenhöfe haben auf die eine oder andere Weise diese kreative Intelligenz für sich entdeckt: vielleicht im Beruf, beim Tanzen, beim Kochen, bei der schönen Fähigkeit, anderen Menschen zu helfen, oder bei dem einen oder anderen Versuch einer künstlerischen Betätigung.

Und es gibt ganz gewiß vorbildliche Menschen, die ihr kreatives Potential auf vielen Gebieten zugleich zur Geltung brachten: Der berühmteste unter ihnen ist Leonardo da Vinci – ein Maler, Baumeister, Ingenieur, Philosoph, Bildhauer, Anatom usw. Auch unsere Zeit kennt noch solche besonderen Blüten im Garten der Kreativität: Es gab kaum ein Gebiet in den Wissenschaften, das der Begründer der Kybernetik, Norbert Wiener, nicht beherrschte. Der Mathematiker und Rechenkünstler John von Neumann war wesentlich bei der Entwicklung der Quantenmechanik beteiligt, er formulierte das komplexeste ökonomische Modell für das Wirtschaftswachstum, war ein wesentlicher Impulsgeber in der Entwicklung des Computers, befaßte sich mit der Funktionsweise des Gehirns und entwickelte neue mathematische Theorien.

Andere dieser großen Kreativen ragten zwar auf einem Gebiet besonders hervor, entfalteten aber auch in anderen Bereichen wichtige Aktivitäten. Viele Künstler sind Maler und Dichter, große Politiker wurden auch als Musiker bekannt, und es gibt erfolgreiche Geschäftsleute, die irgendwann ihr Talent in der Organisation von Stiftungen und wohltätigen Veranstaltungen entdecken. Doch die Betrachtung großer Persönlichkeiten schränkt den Blick auf die Kreativität immer noch zu sehr ein. Es gibt auch die unscheinbar Kreativen: Menschen, die Künstler auf einem ganz anderen Gebiet sind. Sie sind Meister im Mitgefühl, im sozialen Bereich, vielleicht unbekannt und unerkannt, nur selten berühmt geworden wie Mutter Teresa. Spirituelle Menschen können wiederum auf Gebieten kreativ sein, die für andere verschlossen bleiben. Es sind einsame Genies, wie jener Mathematiker, der auf einem Mathematik-Kongreß in Berlin unter ohnehin ausgewählten internationalen Teilnehmern nur einen einzigen Zuhörer fand, der seine Theorie verstehen konnte.

Die Kreativität hat viele Gesichter. Nicht nur unterscheidet sie sich bei verschiedenen Menschen, auch für jeden einzelnen zeigt sich die Intelligenz III auf vielen Gebieten. Wir hatten gesagt, daß sich Intelligenz immer nur in einem Verhalten, einer Handlung in einer Situation entfalten kann. Die kreative Intelligenz bezieht sich deshalb auf alle Aspekte, die in verschiedenen Situationen wichtig werden können: Sinnesgegenstände, Gefühle, die Art und Weise, in der wir wahrnehmen, Bewegungen und Gestik, vor allem aber Gedanken und Vorstellungen – sie begleiten alle unsere Situationen und erweisen sich als Schlüssel zur kreativen Veränderung. Es gibt keine menschliche Handlung, die nicht von Gedanken begleitet, beeinflußt oder gelenkt wird.

Aber Kreativität beschränkt sich nicht auf Gedanken, schon gar nicht auf mathematische oder rein logische Gedanken. Das war der große Irrtum der frühen Intelligenz- und Kreativitätsforschung. Nur am Erfolg im wissenschaftlichen oder wirtschaftlichen Sinn interessiert, konzentrierte sich die Intelligenzforschung vor allem auf solche Fertigkeiten, die man auch leicht messen konnte: Rechenaufgaben, logisch zu ordnende Bildmuster, räumlich-geometrisches Vorstellungsvermögen, sprachliche Fähigkeiten. Tatsächlich kann man solche Fertigkeiten – wenn auch keineswegs eindeutig und unumstritten – messen. Es zeigt sich auch, daß diese Fertigkeiten individuell mehr oder minder unverändert bleiben – kein Wunder, bleibt doch auch die Testmethode und Testsituation unverändert. (Hätte man bei Beethoven im Alter von 10, 20 und 40 Jahren derartige Intelligenztests durchgeführt, es wäre nicht aufgefallen, daß er seine Fähigkeit zu komponieren auf atemberaubende Weise vervollkommnet hat.)

Das, was man bei Intelligenztests mißt, hängt von der Intelligenz jener ab, die diese Tests entwickeln. Die Intelligenz III, die kreative Intelligenz, fällt durch dieses Raster, aus mehreren Gründen. Wirklich kreativ ist jemand, der etwas *Neues* hervorbringt, gleichgültig in welchem Gebiet. Neues kann man aber nicht in einem Test vorhersagen. Ferner besitzt der Psychologe, der den Test verfertigt, zwar eine hohe Qualifikation in empirischer Psychologie und ist meist auch ein guter Statistiker, es ist aber doch sehr fraglich, ob er die Emotionen von jemand versteht, der in seinem Mitgefühl soziale Intelligenz zeigt, oder die Logik der Farben bei einem Maler, oder die abwägende Klugheit bei schwierigen politischen Entscheidungen, oder auch nur den differenzierten und geschulten Geschmackssinn, über den jeder Hobbykoch verfügt.

Kreativität, die Intelligenz III, unterscheidet sich zwischen allen Menschen, und sie entfaltet sich auf allen nur denkbaren Gebieten – gerade darin besteht ja ihre »Intelligenz«. Wenn man die Karte »Intelligenztest« zur Beobachtung von Kreativität über das Territorium, die unendliche Vielfalt intelligenter Handlungen, legt, wird man nur das sehen, was in der Karte verzeichnet ist. Und das ist sehr wenig und sehr beschränkt. Wenn man dem IQ noch einen EQ, eine »emotionale Intelligenz«, hinzufügt, so ist das zweifellos ein Fortschritt – doch das Territorium der Intelligenz III ist viel weiter und offener, als jene beiden Karten im IQ oder EQ verzeichnen.

Wenn man etwas mißt, betrachtet man es als Objekt, als totes, unveränderliches Ding. Kreativität ist aber ein Verhalten, eine Lebensäußerung, ist Wahrnehmung und Handlung in sehr verschiedenen Situationen. Das Abenteuer des Lebens ist nicht durch einige Schwarz-Weiß-Fotos zu erfassen, durch ein paar Zahlen oder Kategorien. Man wird auch durch feinste Anatomie am toten Körper nie das Geheimnis des Lebens, der Kreativität erfahren.

Das ist auch gar nicht notwendig. Wir brauchen die Kreativität nicht wie einen fremden, unbekannten Gegenstand, wie die Rückseite des Mondes durch Sonden oder Beobachtungssatelliten zu erforschen. »Wenn es dich am Fuß juckt, darfst du nicht die Sohle deiner Sandale kratzen«, sagt ein Zen-Meister. Die Kreativität brauchen wir nicht wie ein fremdes Territorium mit ausgeklügelten Karten zu erkunden – wir sind mittendrin in diesem Territorium, wir *sind* das Territorium. In jeder veränderten, in jeder neuen Situation sind wir kreativ, auf unvorhersagbare, oft überraschende Weise. Wenn wir es *nicht* wären, so wären wir längst gescheitert, als Menschheit und als Individuum. Wenn Kreativität ein Erfolgsfaktor ist, dann ist es vor allem ein *persönlicher* Erfolgsfaktor. *Ein* Faktor? Nein, *der* Faktor, denn die Lebensgestalt, die sich nach und nach bei uns allen als unverwechselbare Persönlichkeit entfaltet, wird durch uns selbst, unsere schöpferische Aktivität geformt.

Diese Quelle der Selbstgestaltung und Selbsterkenntnis ist vielfach verschüttet. All die Träume und Möglichkeiten, mit denen wir uns als Kinder noch umgaben, sind in den Geleisen der Routinen und Gewohnheiten vielfach erstickt worden. Um das kreative Potential hat sich ein Eismantel der Gewohnheit gebildet, und diese Vereisung droht dicker und dicker zu werden. »Jung und beweglich werden wir geboren, hart und starr verlassen wir das Leben«, heißt es im »Tao-te-king« von Laotse. Was unsere Knochen angeht, so wird sich das Altern kaum vermeiden lassen. Doch für unseren Geist gilt das nicht, genauer: es *bräuchte* nicht zu gelten. Im Gegenteil, er reift durch Erfahrung. Wenn wir diesen Geist durch Gewohnheiten und fixe Denkmuster *auch* hart und starr werden lassen, so wird nicht nur unser Körper unbeweglich, wir selbst verwandeln uns in einen mechanisch funktionierenden Roboter. Erst sind es liebe Gewohnheiten, dann werden sie zum Gefängnis.

Es zeigt sich also, daß die Beziehung, das *Wechselspiel zwischen Gewohnheiten und Kreativität* das Grundprinzip unserer eigenen Entwicklung, der Selbstgestaltung und Entfaltung unseres schöpferischen Potentials ist. Einerseits können und dürfen wir nicht auf Gewohnheiten verzichten, andererseits besteht die große Neigung, sich *nur noch* auf Gewohnheiten zu verlassen. Hier müssen und können wir einen mittleren Weg der kreativen Entwicklung finden. Der Schlüssel zu diesem Weg heißt: *Achtsamkeit.*

3 ■ Der Zauberstab der Achtsamkeit

Ein Schlüssel

Achtsamkeit ist der Schlüssel zur Kreativität. Ein Schlüssel erlaubt, eine Tür zu öffnen. Welche Tür öffnet die Achtsamkeit? Sie öffnet nicht nur *eine* Tür. Die Achtsamkeit ist ein Universalschlüssel für sehr viele Türen. Türen gehen nach innen und nach außen auf. Die Achtsamkeit öffnet in der Wahrnehmung die Türen nach außen. Sie macht das, was wir sehen, hören, tasten, riechen und schmecken, *bewußt*, verleiht den Dingen ihre Bedeutung. Aber die Achtsamkeit öffnet auch eine Tür nach innen, die Tür, hinter der wir unsere kreativen Möglichkeiten entdecken können.

Bleiben wir für einen Augenblick bei diesem Bild, bei der Metapher vom Schlüssel. Verschlossene Türen sind wie Wände. Wir kommen nicht durch, sehen nicht, was dahinter ist. Wenn wir aber einen Schlüssel besitzen, dann ist es ganz einfach, die Tür zu öffnen und zu entdecken, was sich im Raum dahinter verbirgt. Der Universalschlüssel eines Hauses hebt die Trennung zwischen den Zimmern auf; das ganze Haus wird frei zugänglich. Die beklemmende Enge eines Zimmers weicht der Offenheit vieler Räume. Hinter verschlossenen Türen sind wir wie in einem Gefängnis. Ein Schlüssel *öffnet* auch eine Tür nach draußen, ins Freie, ins Offene. Noch etwas kann dieses Bild besagen: Selbst wenn man den Schlüssel besitzt, kann es geschehen, daß man ein Schloß aufschließt und sich dennoch die Türe nicht öffnet.

Weshalb? Weil man dagegen drückt, während die Türe nach *innen aufgeht*.

Die Achtsamkeit als Schlüssel zur Kreativität zeigt tatsächlich viele der genannten Eigenschaften. Sie öffnet die Türen nach draußen, die »Sinnes-Tore«, wie man die fünf Sinne auch genannt hat. Unsere Ohren sind immer geöffnet, sogar nachts im Schlaf. Dennoch *hören* wir nicht immer. Wir sind z.B. in eine Arbeit vertieft und hören nicht, was jemand zu uns sagt. Erst wenn sich die Achtsamkeit dem Gesagten zuwendet, dann *hören* wir. Dasselbe gilt für das Sehen. Selbst mit offenen Augen übersehen wir manches. Der Unterschied zwischen Sehen und Nicht-Bemerken, Hinhören und Weghören, dieser Unterschied *ist* die Achtsamkeit in ihrer alltäglichen Funktion.

Sie ist auch ein Schlüssel zum anderen Menschen. Schon im Wort »Achtsamkeit« steckt »auf etwas achten«, das heißt es behüten, es beschützen. Achtsamkeit hat auch die Bedeutung von »achten«, im Sinn von etwas wertschätzen. Man achtet jemand, oder man achtet das Leben von Pflanzen, Tieren und Menschen. Wenn wir etwas achtsam betrachten, dann lassen wir einer Sache die ihr eigene Würde und Schönheit. Wir manipulieren nicht. Das unterscheidet die Untersuchung, das wissenschaftliche Erforschen, die Befragung, die Analyse von der Achtsamkeit. Wenn wir eine Sache genau untersuchen, sie zerlegen, dann *zerstören* wir sie sehr oft. Man will sie eigentlich beherrschen. Gewiß, das Zerlegen gehört auch zu unserem Leben – man kann keinen Apfel essen, ohne ihn zu zerstören. Aber die Achtsamkeit ist anders. Wenn wir auf jemand achten, ihn selber achten, ihm zuhören, dann ist die Achtsamkeit auch ein Schlüssel für gemeinsame Dinge, für *soziale Kreativität*. Auch in den Wissenschaften gibt es die ruhige Beobachtung – z.B. in der Erforschung des Verhaltens von Tieren. Konrad Lorenz nannte es eine besondere Tugend des Verhaltensforschers, lange und aufmerksam beobachten

65

zu können. Die Achtsamkeit ist ein Schlüssel zu anderen Menschen, aber auch ein Schlüssel zur Erkenntnis der Natur.

Vor allem aber ist die Achtsamkeit ein Schlüssel für die Tür, die nach innen aufgeht – ein Schlüssel, der die Tür zu unseren eigenen Möglichkeiten, zu unserem kreativen Potential öffnet. Die Achtsamkeit öffnet die Tür der *Gewohnheit*. Gewohnheiten sind wie verschlossene Türen. Sie sperren uns ein in das Gefängnis der Routine, der Wiederholung, der Grenzen. Die Gewohnheiten geben uns Sicherheit und Stabilität, sie schützen – ganz so, wie eine verschlossene Eingangstür das Haus schützt. Diese Funktion der Gewohnheiten ist wichtig für unser Leben. Doch im Gewühl des Alltags geschieht es sehr häufig, daß wir den Schlüssel für die Türen der Gewohnheit verlegen. Genauer: Wir *vergessen* ganz einfach, daß wir über diesen Schlüssel verfügen. Vergessen – das heißt, die Gewohnheiten versinken im Unbewußten. Wenn wir allerdings auf das *Un-Gewöhnliche* stoßen, wenn wir in neue, unbekannte Situationen geraten, dann zeigt sich, daß das Gebäude unserer Überzeugungen gar nicht so stabil ist, wie wir glaubten. Anstatt nun die Tür zu öffnen, ins Freie zu treten oder das Haus zu entrümpeln, verstecken wir uns oft ängstlich hinter der Tür. Genau so funktioniert die Angst: Man hält an Gewohnheiten fest, die in ungewöhnlichen, neuen Situationen nicht mehr funktionieren. Gegen die Angst davor, ins Offene zu treten, brauchen wir den Mut zur eigenen Kreativität. Und diesen Mut finden wir im Schlüssel der Achtsamkeit.

Achtsamkeit, Denken, Bewußtsein

Wenn man die Achtsamkeit selbst etwas genauer untersucht, so stößt man allerdings auf ein merkwürdiges Phänomen. Und dieses Phänomen ist dafür verantwortlich, daß die Achtsamkeit ein tiefes Geheimnis umgibt. Ihre Existenz wurde von einigen Wissenschaftlern vollständig geleugnet. Der Grund ist leicht einsichtig: Wenn man die Achtsamkeit sucht, findet man nichts, was man anfassen oder sehen könnte. Wir können die Achtsamkeit selbst nicht *beobachten*. Im Be-ob-achten steckt ja schon »achten«, weil die Achtsamkeit das ist, *was* beobachtet – wie sich auch das Auge beim Sehen nicht selbst sieht. Die Achtsamkeit erlaubt, Dinge zu erkennen, aber sie ist selber kein Ding.

Bevor ich an kleinen Beispielen und Übungen einen *direkten Zugang* zur Achtsamkeit aufzeige, möchte ich den Unterschied zwischen Achtsamkeit und anderen psychischen Phänomenen kurz skizzieren. Zunächst müssen wir zwischen Achtsamkeit und Denken unterscheiden. Etwas zu beachten heißt nicht notwendig, eigenständige Gedanken zu entwickeln. Gedanken haben immer einen Inhalt. Wir denken *an etwas*, z.B. an ein Gespräch von gestern, an ein Bild, das sich im Kino einprägte usw. Gedanken haben Form, Gestalt, sind in Bewegung und meist auch von Sprache, vom inneren Dialog begleitet. Gedanken können unbewußt sein. Oft geschieht es, daß man beim Lesen »weggeht«; die Augen lesen weiter, auch sprechen wir innerlich weiter die gelesenen Wörter, aber wir sind woanders. Hier erkennen wir sehr schön den Unterschied zwischen Achtsamkeit und Gedanken. Man kann *achtsam* nachdenken, und man kann unbewußt weiterdenken (wie innerlich eine Melodie, ein Satz, ein Gedicht weiterklingt), während die Achtsamkeit sich etwas anderem zuwendet. Gedanken haben einen Inhalt, eine »Gestalt«. Die Achtsamkeit kann zwar jede Gestalt erkennen, sie selbst ist aber gestaltlos.

Etwas Ähnliches zeigt sich beim Begriff »Bewußtsein«. Auch dieser Begriff ist mehrdeutig. Bewußtsein hat immer einen Inhalt. Franz Brentano, ein bedeutender Psychologe und Philosoph des ausklingenden 19. Jahrhunderts, führte dafür den Begriff der »Intentionalität« ein. Intentionalität heißt »Ausgerichtet-Sein«; das Bewußtsein ist ausgerichtet auf einen Inhalt. Wir sind uns unserer Zahnschmerzen, des klingelnden Telefons oder einer freudigen Empfindung bewußt; all dies sind *Inhalte* des Bewußtseins. Man kann nicht von Bewußtsein sprechen, ohne zu sagen, *was* einem bewußt ist. Das Bewußtsein ist nicht von einem bestimmten Inhalt zu trennen. Kein Subjekt ohne Objekt.

Die Achtsamkeit ist davon verschieden, allerdings nicht völlig verschieden. Sie ist gleichsam das Zentrum des Bewußtseins. (Manche Philosophen sprechen hier auch von »Bewußtheit«, doch dieser Begriff hat sich nicht allgemein durchgesetzt.) Es gibt aber noch einen weiteren Unterschied. Wenn wir uns einer Sache bewußt sind, dann sagen wir: *ich* bin mir dessen bewußt. Zum Bewußtsein gehört immer ein »Ich«. Auch wenn man vielleicht nicht die Meinung von Descartes teilt, der sagt, daß unsere personale Existenz auf dem Denken, dem Bewußtsein beruht *(cogito ergo sum)*, so gibt es doch einen engen Zusammenhang zwischen Ich und Bewußtsein.

Die Achtsamkeit ist dagegen nicht mit dem Ich identisch. Im Gegenteil. Sie öffnet sich einer Sache, ohne selbst etwas zu haben oder zu wollen. Wenn man von der Achtsamkeit eine Eigenschaft angeben wollte, dann ist es ihre Klarheit, ihre Offenheit. Das liegt auch im Sinn des Wortes »achten«. Wenn wir etwas achten, dann verzichten wir darauf, unsere Interessen, das Territorium unseres Egos zu verteidigen. Wir lassen etwas so, wie es sich von sich her zeigt. Die Achtsamkeit läßt die Dinge so erscheinen, wie *sie* erscheinen wollen. Sie ist offen für die Dinge, räumt ihnen einen Raum ein, in dem sie erscheinen können. Das Bewußtsein ist dagegen Ich-Bewußtsein. Es bezieht die erscheinenden Dinge auf sich selber. Es zieht Grenzen, weil wir uns immer einer Sache *als einer bestimmten* bewußt sind. Das Bewußtsein sucht nach Inhalten, die es abgrenzt und schließlich auch mit Hilfe der Sprache bezeichnet. Das ist die Aktivität des Ichs. Weil es seine Interessen verfolgt, zieht es Grenzen in der Welt und fragt unaufhörlich: Was nützt mir? Was schadet mir? Was ist gleichgültig?

Das Wort »Bewußtsein« (lat. *conscientia*) bedeutet eigentlich, wörtlich genommen, »be-wißt«, »mit Wissen verbunden«. Bewußtsein ist das, was wir in einem Ich-Prozeß mit unserem Wissen verbinden. Das, was uns *bewußt* ist, wurde also schon verarbeitet, ist schon durch den Filter des Wissens gegangen. Wir sehen nicht das, was *ist*, wir sehen das, was wir *wissen*. Das Bewußtsein ist höchst aktiv: Es zieht Grenzen, es interpretiert die Dinge. Das Bewußtsein ist jener Prozeß, durch den wir Karten vor die Landschaft halten und dann in der Landschaft nur das entdecken, was auf den Karten verzeichnet ist.

Das Bewußtsein kann aber seine Begriffs-Grenzen nur ziehen, weil es die offene Weite der Achtsamkeit gibt. Die Achtsamkeit ist der offene Raum, das Bewußtsein ist die Vermessung, die Geometrie dieses Raumes, das Ziehen von Grenzen. Man erkennt die Grenzen, ist sich der Grenzen bewußt, vergißt aber den offenen Raum, der diese Grenzen überhaupt erst ermöglicht. Bewußtsein ist jener Prozeß, in dem sich im Raum der Achtsamkeit die vielfältigen Karten, die Begriffe des Denkens ausbreiten.

Ich will das durch ein Beispiel erläutern. Wenn wir gewöhnlich (*gewöhnlich!*) die Aktivität unseres Bewußtseins betrachten, dann werden wir z.B. sagen: Ich sehe dort Bäume, einen Berg, einige Wolken, einen Fluß. So funktioniert das Bewußtsein. Es sieht Dinge, sieht das, was wir auf die Frage »Was ist das?« antworten würden – eben Bäume, Berge, Wolken, Flüsse. Anfangs waren die Maler bemüht, auch genau das zu malen, was ihnen ihr Bewußtsein vorgab. Sie konstruierten Landschaften aus den Elementen, die ihnen *bewußt* waren. Die Maler der Renaissance ordneten alle ihre Figuren in ein Netz gedachter Linien der Zentralperspektive ein; man kann diese Linien sogar in der Grundierung oder in Entwurfszeichnungen entdecken. Im 19. Jahrhundert geschah dann etwas Merkwürdiges, vielleicht als Reaktion auf die Erfindung der Fotografie. Viele Maler begannen plötzlich nur noch das zu malen, was sie *sahen*, nicht mehr das, was sie wußten (Impressionismus). Vor allem Paul Cézanne bemühte sich, ganz in einer Landschaft zu versinken. »Wenn das Denken dazwischenkommt, ist alles zu spät«, sagte Cézanne. Ähnliches gilt für die Malerei im Zen-Buddhismus, wo der malende Zen-Meister völlig frei sein muß von Gedanken. Er malt, ganz wörtlich genommen, »unbewußt« – aber er malt im höchsten Sinne *achtsam*. Er benützt bei seinem Malen keine Gedanken, kein Wissen. Die Hand, der Pinsel wird nicht von einer Karte geführt, wenn er eine Landschaft malt. So können Gestalten hervortreten, wie *sie* erscheinen, nicht wie sie durch das Wissen ausgelegt werden.

Die Quelle der Kreativität

Hier wird die tiefe philosophische, ja die *spirituelle* Dimension der Achtsamkeit deutlich. Die Achtsamkeit übersteigt offenbar Grenzen, die durch Begriffe, die Sprache, die Landkarten des Denkens gezogen werden. Die Achtsamkeit kann zwischen den fünf Sinnen hin und her wandern, ist jedoch an keinen der fünf Sinne gebunden. Und sie wirkt auch nach außen, wirkt sogar »ansteckend«: Eine ruhige, achtsame Atmosphäre überträgt sich auf andere. Die Achtsamkeit öffnet, macht empfänglich. Wir können zwar die Achtsamkeit nicht beobachten, aber es gibt Momente, in denen sie besonders deutlich hervortritt. In der Musik geschieht dies in den Pausen zwischen den Tönen; in der Architektur oder Plastik, auch bei Gemälden durch den offenen Raum zwischen Formen, Farben und Gestalten.

In vielen spirituellen Traditionen spielen Rituale eine

große Rolle. Auch in unserem Alltag gibt es Rituale: Zähneputzen, sich ankleiden, im Briefkasten nachsehen usw. Im Unterschied zur Spiritualität vollführen wir diese Rituale aber oft abwesend, abgelenkt, sind in Gedanken ganz woanders. Ein tiefer Sinn religiöser Rituale besteht darin, die Achtsamkeit aufzuwecken. In der christlichen Tradition spricht man in solch einer achtsamen Atmosphäre von der Gegenwart des »Heiligen Geistes«; im Buddhismus gibt es zahlreiche Übungen zum Erwecken der Achtsamkeit; ähnliches kennt man im Taoismus, im Sufismus oder in der Lehre der Tolteken. Die Achtsamkeit selber ist unsichtbar. Sie ist das Schweigen hinter der Rede, die Stille *im* Lärm. Beim Sprechen eines Gebets oder eines Mantras kommt es weniger auf die Bedeutung der Worte an, vielmehr auf die Achtsamkeit, mit der gesprochen wird.

Weshalb hat die Achtsamkeit, die Stille, das Offene oder die Leere solch einen hohen Rang in fast allen spirituellen Traditionen? Weshalb *schwieg* Jesus, als er nach seiner göttlichen Natur gefragt wurde? Weshalb *schwieg* Buddha und hielt eine Blume hoch, als man ihn nach dem letzten Sinn seiner Lehre fragte? Weil im Schweigen, im Geheimnis der Stille sich das zeigt, woraus alle Dinge hervorgegangen sind und weiter hervorgehen. *Im Schweigen spricht die Achtsamkeit selbst,* in der Pause zwischen zwei Tönen *erklingt sie,* im leeren Raum zwischen Formen und Farben *wird sie sichtbar.* Die Achtsamkeit läßt die Dinge so erscheinen, wie *sie* sind. Und so können auch *neue* Aspekte der Dinge hervortreten, die sonst durch Gewohnheiten der Wahrnehmung, Gedanken und Gefühle verdeckt sind. Der Achtsamkeit eignet eine Schöpferkraft, die allen Dingen die Freiheit *ihres* Erscheinens gewährt. In ihr ist das schöpferische Prinzip, die Kreativität gegenwärtig.

Doch auch wenn jemand dieser spirituellen Dimension eher skeptisch gegenübersteht, kann man an zahlreichen Beispielen die Achtsamkeit als Quelle der Kreativität aufzeigen. Arnold Schönberg erzählte, daß er in einer Komposition einfach nicht weiterkam; unzählige Entwürfe für die Fortführung des Musikstückes hatte er gemacht, keiner schien ihn zu befriedigen. Plötzlich entdeckte er einen Zettel, auf den er einige Noten eher unbewußt notiert hatte – und dieser Zettel enthielt die Lösung seines Kompositionsproblems. Er hatte es nur zuerst nicht *beachtet*. Ähnlich erzählt Charlie Parker, der Begründer des Jazz-Stils »Bebop«, daß er plötzlich entdeckte, wie er ganz neue Melodie-Linien spielen konnte, wenn er einfach nur auf die oberen Intervalle der Akkorde *achtete*. Viele Wissenschaftler berichten, daß sie die Lösung für Probleme buchstäblich vor Augen hatten, sie aber nur nicht *beachteten*.

Die Psychologie nennt derartige Augenblicke, in denen etwas *plötzlich* erkannt wird, das Aha-Erlebnis. In jedem »Aha!« geschieht etwas sehr Merkwürdiges. Zwar kann man nicht sagen, daß die Achtsamkeit etwas aus Nichts erschafft. Aber plötzlich verstehen wir einen Zusammenhang, sehen etwas, was wir bislang einfach übersehen haben, Figuren kippen in andere um, wie beim abgebildeten Neckerschen Würfel, den wir aus zwei räumlichen Perspektiven wahrnehmen können. Wenn der Würfel aus der vorderen in die hintere Perspektive umkippt, dann ändert sich gar nichts hier auf den Buchseiten. Die Druckerschwärze bleibt unbewegt. Was sich bewegt, ist die Ausrichtung der Achtsamkeit in der Wahrnehmung. Bei einem Aha! werden im Denken und Wahrnehmen Strukturen neu organisiert. Die Achtsamkeit erschafft *neue Bedeutungen* von Dingen. Wie? Einfach dadurch, *daß* wir etwas beachten. Ein weiteres Beispiel: Wenn man in einem Text einen Doppelpunkt, Trennungsstrich oder eine Klammer verwendet, dann haben diese drei Zeichen je eine unterschiedliche Bedeutung im Satz. Im Text von E-Mails tauchen diese Zeichen auch wie gewöhnlich auf, sie erfüllen dort aber oft eine ganz andere Funktion, nämlich zusammengestellt :-) als Smilie.

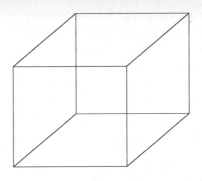

Diese drei Zeichen :, - und) werden als Smilie :-) plötzlich zu neuem Leben erweckt. Und wer diesen Smilie zum erstenmal sieht, erkennt vielleicht gar nicht das lachende Gesicht, doch wenn man den Kopf nach links neigt, wird plötzlich ein »Aha!« daraus. Dieses »Aha!«, wenn man einen Zusammenhang *neu* sieht, wenn eine *Bedeutung* neu hervortritt, ist die Dynamik der kleinen, ganz alltäglichen Achtsamkeit. Wenn wir etwas beachten, dann kann etwas *Neues* hervortreten. Wenn wir etwas *neu* wahrnehmen, dann können wir auch Neues schaffen.

Ausweiten der Achtsamkeit

Morgens beim Aufwachen erwacht auch die Achtsamkeit. Scheinbar brauchen wir also nichts zu tun, um mit der Achtsamkeit vertraut zu werden. Sie erwacht mit uns selber. Das ist zwar richtig, muß jedoch erläutert werden. Die bekannteste Form der Achtsamkeit ist die *Aufmerksamkeit*. Wodurch unterscheidet sich die Aufmerksamkeit von der Achtsamkeit? Die Aufmerksamkeit ist *konzentrierte*, unabgelenkte Achtsamkeit. Mehr noch, die Aufmerksamkeit *fixiert* die Achtsamkeit auf einen Punkt, eine Sache, eine Beobachtung oder einen Gedanken.

Wenn man seine Achtsamkeit konzentriert und aufmerksam auf eine Sache richtet, dann zeigt sich ihre eigentümliche Kraft. Durch genaueres Hinsehen können wir neue Aspekte entdecken, durch genaues Zuhören fallen uns neue Bedeutungen der Sprache auf, oder wir hören ein Musikstück ganz anders. Das war z.B. so, als wir das Wort »Not-wendigkeit« oder das Wort »Leiden-schaft« zum erstenmal *wörtlich* hörten. Wir haben es oft verwendet, doch das Achten und konzentrierte Hören bringt eine ganz neue Bedeutung hervor. Tausende Male haben wir vielleicht schon das Wort »notwendig« gebraucht, das Achten auf dieses Wort bringt plötzlich Neues zutage. (Es ist eine glänzende Achtsamkeitsübung, einfach nur *wörtlich* zuzuhören oder zu lesen.)

Durch Konzentration bringt die Achtsamkeit also etwas ans Licht. Sie fokussiert sich auf einen kleinen Bereich und vervielfacht so ihre Kraft. *Gewöhnlich* sind wir aber sehr oft nicht konzentriert. Ist dann auch die Achtsamkeit mit der Aufmerksamkeit verschwunden? Nein, sie ist nicht verschwunden, sie hat sich nur zerstreut. Weil wir beständig von diesem und jenem abgelenkt sind, befindet sich unsere Achtsamkeit im Modus des *Flackerns*. Die flackernde Achtsamkeit ist die häufigste, die alltägliche Form. Es wäre falsch zu sagen, daß wir in diesem Zustand *unachtsam* sind. Wir sind allerdings nicht aufmerksam, sind also *unkonzentriert*, springen von einem Gedanken zum nächsten, von einem Sinneseindruck zum nächsten.

Die Achtsamkeit ist wie ein Lichtkegel. Sie richtet ihr Licht auf eine Sache und läßt sie erscheinen. Ist dieser Scheinwerfer der Achtsamkeit ruhig und konzentriert, dann zeigen sich im Licht dieser Aufmerksamkeit viele Details, Zusammenhänge, neue Aspekte. *Flackert* die Achtsamkeit, wird sie beständig abgelenkt, so nimmt das Licht ab und beleuchtet die einzelnen Dinge viel zu kurz. Wir denken nicht klar, sehen nicht genau, tun zwei oder drei Dinge gleichzeitig, aber nichts davon richtig. Zudem *ermüdet* die flackernde Achtsamkeit das Denken und das Wahrnehmen. Der Modus des Flackerns der Achtsamkeit ist eine Garantie dafür, daß wir ebenso uninspiriert wie unkreativ sind.

Wie kann man die flackernde Achtsamkeit beruhigen? Offenbar ist die Antwort auf diese Frage zugleich eine »Kreativitätstechnik«, denn nur dann, wenn wir *genau* hinschauen, können wir etwas Neues entdecken. Eine wichtige Hilfe ist eine Übung, die ich die *Ausweitung der Achtsamkeit* nenne. Sie ist ganz einfach auszuführen. Während Sie etwas tun, wecken Sie Ihre Achtsamkeit dadurch auf, daß Sie sich *das* bewußtmachen, *was* Sie gerade eben tun. Ich will das erläutern. Sie lesen eben diesen Text. Das Lesen geht leicht von der Hand; wir haben es lange geübt. Anfangs, als wir mühsam die ersten Buchstaben zu Wörtern zusammenfügen mußten, in der ersten Schulklasse, da war das wesentlich schwieriger. Unsere ganze Achtsamkeit mußte sich auf ein Wort konzentrieren. Nun geht es viel leichter. Wir erfassen ganze Wortgruppen ohne Schwierigkeiten, ohne Anstrengung – wie eben, während Sie dies hier lesen.

Nun wollen wir ein wenig die Achtsamkeit ausweiten. Lesen Sie bitte ruhig weiter, achten Sie aber zugleich auf Ihren Atem. Wie Sie sehen, können Sie einfach weiterlesen, und dennoch bemerken Sie Ihren Atem. Achten Sie nun bitte auch auf die Bewegung Ihrer Augen, während Sie hier diesen Satz lesen. Fällt Ihnen auf, daß Sie diese Bewegung zuvor kaum beachtet haben? Wir können die Achtsamkeit noch viel weiter ausweiten. Bitte lesen Sie hier ruhig weiter. Fühlen Sie, worauf Sie gerade sitzen? Sie verstehen weiterhin klar die Bedeutung dieser Sätze und können dennoch unschwer das fühlen, worauf Sie sitzen (falls Sie im Stehen oder Liegen lesen, können Sie etwas anderes wählen, was Sie während des Lesens fühlen). Auch können Sie das Gesichtsfeld oberhalb und unterhalb dieser Buchseite wahrnehmen, und zugleich den Sinn des hier Gelesenen klar verstehen.

Was erkennen wir daran? *Erstens* bemerken wir, daß wir unsere Achtsamkeit gewöhnlich viel zu eng machen, viel enger, als es erforderlich ist. *Zweitens* ist es leicht, die Achtsamkeit aufzuwecken. Wie geht das? Es klingt paradox, ist aber zutiefst wahr: Wir wecken unsere Achtsamkeit auf . . . durch unsere Achtsamkeit. Die Achtsamkeit wird nur dann *weniger*, wenn wir *vergessen*, daß wir über diese geheimnisvolle, gleichwohl ganz alltägliche Kraft verfügen.

Stimmungen – die Farben der Achtsamkeit

Das zeigt sich noch an einem anderen, wichtigen Aspekt. Die Achtsamkeit ist selten ganz rein. Achtsamkeit im Leerlauf – das können wir eigentlich nur in der stillen Meditation erleben. Der Lichtkegel der Achtsamkeit ist vielfältig »eingefärbt«. Die wichtigste Färbung gewinnt die Achtsamkeit durch die *Stimmungen*. Deshalb geschieht es, daß wir in einer langweiligen oder trüben Stimmung auch eher unachtsam sind. Vor das Licht der Achtsamkeit schiebt sich ein dunkler Nebel von unklaren Gefühlen. Eine heitere oder liebevolle Stimmung dagegen kann die Achtsamkeit aufwecken und vertiefen.

Stimmungen hängen nicht nur von uns selber ab. Sie sind keineswegs nur »subjektiv«. Stimmungen können einen Ort, eine Gruppe von Menschen oder eine bestimmte Handlungsweise erfüllen. Wer ein nüchternes, klinisch-reines Labor betritt, wird von dieser Atmosphäre ebenso angesteckt wie von der Heiterkeit eines zwar nicht blitzsauberen, aber einladend gemütlichen Wohnzimmers. Die Achtsamkeit ist sehr empfänglich für Stimmungen. Zwar *erzeugt* nicht eine Situation die Achtsamkeit, wohl aber können viele Aspekte der Situation die Achtsamkeit trüben oder aufhellen, dämpfen oder verstärken. Deshalb ist es sehr wichtig, zur Förderung der eigenen Kreativität auf die *ganze Situation* zu achten. Die Kreativität entfaltet sich als Prozeß der Achtsamkeit, die Achtsamkeit aber ist eingebettet in eine ganze Situation.

Jede Situation hat ihre eigene Stimmung. Stimmungen sind *situativ,* sie können viele Menschen ergreifen. Nur wenn man die Situation gar nicht *betritt,* wenn die Achtsamkeit so sehr mit eigenen Gedanken und Gefühlen beschäftigt ist, daß man wie ein zerstreuter Professor durch den Alltag stolpert, entgeht einem diese Stimmung vielleicht. Die Achtsamkeit schließt dann die Tür nach draußen. Wenn sich die Achtsamkeit aber nach außen öffnet, dann empfängt sie die Stimmungssignale der Situation, erhält durch diese Stimmung Energie und Farbe.

Stimmungen sind die *Farben der Achtsamkeit.* In guter Laune erscheint die Welt ganz anders als in einem melancholischen Zustand. Die Wahrnehmung ist nicht einfach nur eine Beziehung zwischen »Subjekt und Objekt«, wie das von Philosophen gerne gesagt wird. Wenn sich in der Wahrnehmung also etwas *Neues* zeigen soll, dann hängt das auf sehr kritische und sensible Weise ab von unseren Stimmungen und Gefühlen. In der Wahrnehmung wird nicht nur eine Karte für eine situative Landschaft verwendet, in der Wahrnehmung erhält die Landschaft ihre »Stimmungsfarbe«. *Verstehen* kann man diese Stimmungen nicht, wohl aber kann man sie selbst *fühlen.*

Und auch hier kann die Achtsamkeit ihre Zauberkraft entfalten. Zwar kann man Stimmungen nicht herbeizaubern, aber man kann sie *beachten.* Was heißt das? Oftmals sind wir seltsam gestimmt, ohne es zu bemerken. Erst wenn man auf sehr auffällige Weise, z. B. ärgerlich reagiert, dämmert es einem vielleicht, daß hier »etwas in der Luft liegt«. Wenn man diese Stimmung *beachtet,* dann verliert sie ihre blinde, beherrschende Kraft. Sie *verschwindet* nicht, aber wir erkennen sie als eine zur Situation gehörige Färbung der Wahrnehmung. Wir *fühlen* sie, aber wir nehmen sie nicht mit nach Hause. Wird eine Stimmung *nicht* beachtet, dann wirkt sie verblüffend ansteckend. Das kann sehr positiv sein, wie bei einem Rock-Konzert, wenn plötzlich alle begeistert in die Hände klatschen und mitsingen. Am Freitag nachmittag, wenn es jeder eilig zu haben scheint, ist es weniger sinnvoll, diese Hektik mitzunehmen.

Stimmungen sind *objektiv,* auch wenn wir sie *subjektiv* fühlen und empfinden. Und Stimmungen sind die Grundlage, in der sich unsere Wahrnehmung entfaltet und der Welt öffnet. Eine kreative Veränderung der Wahrnehmung beruht deshalb auf der Fähigkeit, die Stimmungen in verschiedenen Situationen zu *erkennen,* auf sie zu *achten* und sie allein dadurch zu verändern. Man kann auch Atmosphäre schaffen. Werbefachleute, Regisseure oder die Organisatoren großer Veranstaltungen wissen meist, wie man Stimmungen *wecken* kann und somit die Wahrnehmung in eine bestimmte Richtung lenkt. Bleibt die Stimmung unbewußt, dann lenkt *sie* uns. Sie bleibt dann sogar an uns »kleben«, und wir nehmen sie in andere Situationen mit. Achten wir dagegen auf die Stimmung, dann können *wir* unsere Reaktion darauf verändern, uns öffnen und so etwas verbessern, Neues entdecken.

Dynamische Achtsamkeit

Gefühle können die Achtsamkeit vermehren, verstärken, können ihr Kraft verleihen. In einer begeisterten Stimmung entdecken wir ganz andere, vielleicht neue Dinge, die uns in der gelähmten Atmosphäre langweiliger Routine entgehen. Deshalb können Menschen auch unter *Streß* gelegentlich sehr kreativ sein. Das ist dann der Fall, wenn sie den äußeren Druck (vielleicht durch einen Termin oder eine

Verpflichtung) als anregend, stimulierend empfinden. Die Achtsamkeit ist keine lahme Ente. Es sind die Gefühle und Emotionen, die ihr Flügel verleihen. Auch ist die Achtsamkeit keineswegs nur still und unauffällig. Gewöhnlich ist sie – auch in ihrem Modus des »Flackerns« – sehr aktiv. Weshalb daraus dann dennoch wenig Kreatives hervorgeht, liegt an ihrer Zerstreuung. Wenn man die gut gestimmte, dynamische Achtsamkeit aber auf eine Sache konzentriert, dann entfaltet sie ihre kreative Kraft.

Wachheit und Achtsamkeit haben nichts mit dem coolen Getue von Langweilern zu tun. Zwar kann die Achtsamkeit auch ganz still und schweigend sein, wie in der Meditation. Doch jeder, der etwas mit Meditationsübungen vertraut ist, wird bemerken, *wie dynamisch* der Geist wird, wenn man ihn zur Ruhe zwingen will. Es ist ein grundlegendes Mißverständnis, wenn man die Achtsamkeit mit Bewegungslosigkeit verwechselt. Auch das Schweigen oder die Stille sind sehr bewegt. Was den »flackernden Modus« der Achtsamkeit von einer freudig oder auch nur erregt-neugierig gestimmten Achtsamkeit unterscheidet, ist die konzentrierte Richtung, die ihr Kraft gibt. Wenn wir unter Druck, aber mit gespannter Erwartung oder mit gesteigertem Interesse für etwas eine Lösung suchen, dann sind wir *von innen* aktiv. Wenn die Achtsamkeit nur abgelenkt zwischen vielen Gedanken und Reizen hin und her wandert, dann werden wir *von außen* gelenkt.

Stimmungen sind ein direkter Weg zur *dynamischen Achtsamkeit,* sie *sind* die Wellen, auf denen die Achtsamkeit zu neuen Ufern aufbricht und neue Landschaften erkundet. Wenn man Gefühle und Stimmungen *ausblendet,* dann verschwinden sie nicht. Im Gegenteil, sie wirken dann wie zurückgestautes Wasser. Man weiß nicht, wohin die Wogen einer verdrängten Gefühlswelt uns treiben. Achten wir dagegen auf die Stimmungen einer Situation – ohne die Absicht, sie ändern zu wollen –, so können sie zur Kraft werden, die unsere Achtsamkeit verstärkt und konzentriert. Auch hier gilt: Man benötigt dazu keine besondere Technik und keine ausgeklügelte Methode. Stimmungen und Gefühle werden dadurch zur bewegenden Energie der Achtsamkeit, daß man auf sie *achtet.*

Es war ein Irrweg, den die Philosophie und ihr nachfolgend die Wissenschaften seit dem 16. Jahrhundert eingeschlagen haben. Damals trennte man nicht nur Geist und Materie, man versuchte auch die Gefühle dem Verstand zu unterwerfen, gar sie aus dem Denken, dem Erkennen zu verbannen. Wer in die »nüchternen« Fachaufsätze gleich welcher Wissenschaft blickt, wird bemerken, mit welcher Verbitterung und Polemik oftmals Debatten geführt werden. Freilich verbergen sich diese Gefühle hinter einem Schutzmantel von Begriffen. Doch wer zwischen den Zeilen zu lesen versteht, bemerkt die Leidenschaft, in der da gefochten und gestritten wird. Es ist einfach ein unmöglicher Versuch, Neues ohne Gefühle erkennen zu wollen. Neues, das ist immer auch eine neue *Bedeutung,* und Bedeutungen sind von Stimmungen und Gefühlen begleitet.

Information und Bedeutung

Die Achtsamkeit kann sich selbst aufwecken und verstärken, hatten wir entdeckt. Sie kann sozusagen *mehr* werden aus eigener Kraft. Darin liegt die tiefe *Paradoxie der Achtsamkeit.* Physikalische Energien können nicht vermehrt werden; man kann sie nur verwandeln. Die Achtsamkeit aber kann sich selbst steigern, intensivieren und erschaffen.

Einige Psychologen erklären die Aufmerksamkeit durch eine gegebene Kapazität der Informationsverarbeitung des Gehirns oder der Sinnesorgane. Weil diese Kapazität begrenzt sei, könnten wir in einem Augenblick nur eine begrenzte Menge an Daten erfassen. Diese Theorie hat einen

Haken, und wir haben schon bemerkt, worin dieser Haken besteht: Wir können die »Menge an Achtsamkeit« vermehren. Zudem hängt die »Menge an Achtsamkeit« auch von der Stimmung, von Gefühlen, von der gesamten Situation ab. Informationen können isoliert werden – als Datei fein säuberlich abgespeichert, eine neben der anderen. Doch die Welt besteht nicht aus Informationspaketen. Die Welt ist kein vorprogrammierter Datenträger und das Gehirn kein Computer.

Das, was die Achtsamkeit ans Licht hebt, was sie durch ihren Lichtkegel erscheinen läßt, ist nicht etwas Vorgegebenes, etwas Starres, eine fixe Information – wie die Information auf der Festplatte eines Computers. Das, was wir *beachten*, sind *Bedeutungen*. Die Achtsamkeit läßt die *Bedeutung* von etwas erscheinen. Wir erzeugen nicht einen Baum oder ein Haus *als Ding*, wenn wir darauf achten. Aber nur durch unsere Achtsamkeit entsteht so etwas wie die *Bedeutung* »Baum« oder »Haus«. Wenn ein Vogel sich auf einem Baum niederläßt oder eine Fliege sich auf eine Zuckerdose setzt, dann nehmen diese beiden Wesen nicht einen Baum oder eine Zuckerdose *in unserem Sinn* wahr. Es gibt keine universelle Bedeutung, die für alle Lebewesen, für alle Menschen dieselbe wäre.

Kurz: Die Achtsamkeit hebt *Bedeutungen* ans Licht, sie »verarbeitet« nicht starre Informationen. In jeder unscheinbaren Wahrnehmung verbirgt sich ein kreativer Akt, in dem Bedeutung mit dem Wahrgenommenen zusammen *erschaffen* wird. Und diese Bedeutungen hängen vielfältig von Erfahrungen, von der umgebenden Situation ab, sie sind nicht oder nur in groben Umrissen festgelegt. Bedeutung, das heißt aber auch immer Wert, Empfindung, Gefühl oder Sinn. Die Achtsamkeit hilft uns, der Welt *Sinn* zu verleihen. Der Sinn ist nicht etwas, das *neben* den Dingen liegt oder von uns nur subjektiv an die Dinge herangetragen würde. Dinge bedeuten immer etwas. Auch etwas *Unbedeutendes* hat eine – eben eine geringe oder negative – Bedeutung. Auch Zahlen, Fakten, Daten, nüchterne Information sind nicht nur Bedeutungsträger, sie haben einen bestimmten Sinn.

Ich will das an einem Beispiel verdeutlichen. Wenn einige Neurowissenschaftler sagen, daß der menschliche Geist nichts weiter sei als ein Prozeß des Gehirns, so brauchen wir diesen Satz keinen Augenblick zu bezweifeln. Viele Experimente kann die Neurowissenschaft vorweisen, die deutlich belegen, daß man das Gehirn beeinflussen kann und daß Versuchspersonen das, was man objektiv am Gehirn mißt, auch durch subjektive Erfahrungen beschreiben. Dennoch ist die *Bedeutung* dieser Erklärung eine ganz andere, als eine leichtfertige Interpretation wissenschaftlicher Befunde nahelegen könnte. Weshalb? Einer meiner Philosophielehrer sagte es einmal kurz und einfach: Der Satz »Ich denke mit dem Gehirn« ist auch nur ein Gedanke.

Was *bedeutet* eigentlich »Gehirn«? Wenn uns jemand erklärt, daß unser Denken, unsere Achtsamkeit »nur« ein Gehirnprozeß ist, dann erklärt er nur ein Rätsel durch ein anderes. Denn eines ist sicher: Das Modell des Gehirns ändert sich, oft sogar dramatisch, heute beinahe alle zehn Jahre. Der Begriff »Gehirn« *hat* nicht nur, er *ist* nur eine Form der Bedeutung. Der Begriffsinhalt hängt ab von dem Wissen, über das jemand verfügt. Und dieses Wissen unterscheidet sich mitunter dramatisch zwischen verschiedenen Menschen, auch zwischen Wissenschaftlern. Wer z.B. die Bücher der Gehirnforscher John Eccles, Karl Pribram oder Gerald Edelman vergleicht, wird darin nicht *ein* Gehirn, er wird wenigstens drei verschiedene »Gehirne« finden – natürlich nicht drei verschiedene reale Gehirne, wohl aber drei sehr verschiedene *Erklärungen* der *Funktionsweisen* des Gehirns.

Das gilt auch für andere Wissenschaften, besonders für die Physik. Erwin Schrödinger, ein Mitbegründer der Quantenphysik, sagt das sehr schön: »Der Grund, warum unser fühlendes, wahrnehmendes und denkendes Ich nirgendwo in unserem wissenschaftlichen Weltbild anzutreffen ist, kann ganz einfach in sieben Worten angegeben werden: *weil es nämlich selbst dieses Weltbild ist.* Es ist identisch mit dem Ganzen und kann deshalb in demselben nicht als ein Teil enthalten sein.« Das Ganze eines wissenschaftlichen Weltbilds kann sich aber im Teil spiegeln, und diese Spiegelungen sind die Bedeutungen, die Dinge für uns haben.

Das, was die Wissenschaft entdeckt und beschreibt, was sie *erzeugt und produziert,* sind zuallererst *Bedeutungen.* Und darin liegt die Kreativität der Wissenschaften. Nur wenn diese Bedeutungen gedacht und erkannt werden, wenn man *auf sie* achtet, kann man sie *achten* und anerkennen. Die Achtsamkeit erweckt die Bedeutungen unseres Wissens. Sie verwandelt die Wahrnehmung in eine *sinnvolle* Wahrnehmung, gibt der Welt Form und Gestalt – denn Formen und Gestalten sind immer *sinnvolle* Formen und Gestalten. Wir sehen nicht dort draußen ein Chaos von Informationen, wir sehen Häuser, Bäume, Menschen, Autos usw. (Und selbst das Chaos ist nur ein Grenzfall von Ordnung.)

Das, was die Welt aber *bedeutet,* was sie *für uns* bedeutet, das ist nicht festgelegt. Die Achtsamkeit ist das offene Potential, die Welt in ihrer Vielgestaltigkeit, in ihrer vielfältigen Bedeutung unaufhörlich neu zu interpretieren. Jeder neue Gedanke ist auch eine neue *Bedeutung,* ein neuer Sinn. Und grundlegend neue Gedanken können unser ganzes Welt-Bild, unser ganzes Leben verändern. Das ist möglich, weil die Welt nur durch unsere Achtsamkeit zum Leben des Sinns, der Bedeutung erweckt wird.

Die Achtsamkeit hat tatsächlich diese in verschiedenen spirituellen Traditionen immer wieder geahnte oder erkannte tiefe Bedeutung einer *Schöpferkraft.* Diese Schöpferkraft ist nicht getrennt von uns. Wir nehmen durch unsere Achtsamkeit an dieser Schöpferkraft teil. Der ferne Schöpfer ist Mensch geworden, sagt man im Christentum; die Kreativität (tibetisch: *kun byed rgyal po*) ist die innerste Natur aller Lebewesen, sagt man im Buddhismus; die schöpferische Kraft des Tao belebt den Kosmos, heißt es im Taoismus. Wir haben im Verlauf der abendländischen Geschichte den fernen, männlichen Gott immer mehr durch eine weibliche Göttin ersetzt: *die* Kreativität. Diese weiblich-schöpferische Natur der Kreativität ist gegenwärtig in der Achtsamkeit, und diese Achtsamkeit ist nicht *jenseits*. Sie ist mittendrin in unserem Leben, in den Situationen des Alltags.

4 ■ Die kreative Situation

Wahrnehmung als Tür zu jeder Situation

Durch die Wahrnehmung betreten wir mit unserer Achtsamkeit die Situationen des Alltags. Die Wahrnehmung ist die Tür zur inneren und äußeren Welt. Gewöhnlich hat man vom Wahrnehmen eine einfache und einseitige Vorstellung: Da draußen sind Dinge, und wir erfassen durch unsere Sinnesorgane das, was draußen ist. So einfach ist die Sache nicht; wir konnten das in den vorhergehenden Kapiteln schon feststellen. Kinder lernen erst langsam und mühevoll, die Dinge so zu unterscheiden, wie wir sie sehen. Tiere nehmen teilweise ganz anderes wahr, und auch wir sehen nur einiges und übersehen vieles. In der Wahrnehmung öffnet sich ein Fenster, das ebensoviel verbirgt, wie es zeigt.

Darin liegt eine kluge Einrichtung des Lebens. Würden wir beständig auf *alle* uns umgebenden Reize reagieren, so wären wir wohl sehr rasch Kandidaten für eine Nervenklinik. Es ist notwendig, eine Auswahl in der Wahrnehmung zu treffen; es ist notwendig, die Fülle der Informationen zu selektieren. Deshalb verwenden wir in der Wahrnehmung *Karten*, um uns in den Landschaften des Alltags zu orientieren. Wahrnehmungen finden nicht im luftleeren Raum statt. Diesen Aspekt habe ich im zweiten Kapitel schon ausführlich dargestellt. Hier möchte ich nun den *Ort des Wahrnehmens* genauer betrachten, denn die Wahrnehmung hängt von der Situation ab, *in der* wir wahrnehmen.

Das Wahrnehmen ist ein *Prozeß,* mehr noch, ein wirkliches *Tun;* allerdings ein Tun, das sehr stark mit Gewohnheiten durchsetzt ist. Vermutlich sind einige dieser Gewohnheiten des Wahrnehmens sogar angeboren. Es ist z.B. auffällig, daß man bei der Betrachtung unregelmäßiger Muster (wie Baumkronen, einer Mauer, Sand am Meer, zerklüfteten Felsen oder Wolken) häufig Gesichter zu sehen glaubt. Das wahrgenommene Muster scheint sich von selbst zu einem Gesicht zu formen. Es ist so, als erwarte unser Gehirn zuerst immer einen anderen Menschen. Doch viele andere Gewohnheiten in der Wahrnehmung werden erlernt.

Das Gehirn, unsere Erinnerung bietet uns unaufhörlich bestimmte Karten, bestimmte Interpretationen für die Wahrnehmung an. Eine fremde Person erinnert uns an eine bekannte, ein Duft ruft eine Erinnerung an die Kindheit wach, ein zufällig gehörter Satz verändert völlig unsere Stimmung usw. Der Alltag ist wie ein unaufhörliches Spiel von Frage und Antwort. Veränderungen in der erlebten Situation rufen einen Strom von erinnerten Handlungsmustern, Gedanken und Bildern wach. Wir ergreifen aus diesem Angebot einige dieser Interpretationen (Karten), die uns dann in unserem weiteren Handeln bestimmen. All dies geschieht meist sehr rasch und wird sehr selten von uns beachtet. Ins Bewußtsein tritt dies nur dann, wenn wir *Schwierigkeiten* mit unseren erlernten Wahrnehmungsmustern bekommen, weil sie nicht mehr auf die aktuelle Situation passen, wenn also die Intelligenz I nicht mehr funktioniert und Intelligenz III erfordert wird.

Verändern der situativen Perspektive

Welche Erinnerungen, welche Gedanken, welche Handlungsmuster wachgerufen werden, das hängt ab von der *Situation,* in der wir uns befinden. Es ist also sehr hilfreich, ein wenig darüber nachzudenken, *was* eigentlich eine Situation ausmacht. Was heißt es, in einer Situation zu sein? Kreativität entfaltet sich in Situationen. Die kreative Intelligenz ist ein situativer Prozeß. Zu einer Situation gehört mehr als nur der Geist (das Gehirn) und einige äußere Dinge, die ihre Eigenschaften wie kleine Informationspakete an die Adresse unserer Augen oder Ohren versenden.

Um das zu verdeutlichen, schlage ich eine kleine Übung vor. Betrachten Sie bitte zunächst einfach das, was sofort und ohne komplexe Theorie nachvollziehbar ist: Wir sind *immer* in Situationen, auch *jetzt* und *hier*. Jetzt, beim Lesen dieser Sätze, befinden Sie sich in einer Situation. Sie *sehen* das Buch vor sich, *fühlen* vielleicht Ihren Körper, *hören* dies oder das. Wir sind also in einer Situation *sinnlich* gegenwärtig, wir sind mit unseren Sinnen *da*. Wir *betreten* jede Situation durch die Tore der fünf Sinne. Wie und womit betreten wir sie? Wie und wodurch sind Sie, während Sie dies hier lesen, in Ihren Augen? Durch Ihre Achtsamkeit. Mit unserer Achtsamkeit *betreten wir jede Situation*, nicht einfach mit unserem Körper. Denn: auch unser Körper ist nicht immer »ganz« da. Wir können den Rücken, die Beine, die Nase usw. einfach vergessen. Das, womit wir in einer Situation jeweils *als wir selber ganz* da sind, das ist unsere Achtsamkeit.

Wir können also sagen: Die Situation, in der Sie sich im Augenblick befinden – als Leserin oder Leser dieses Textes –, diese Lesesituation wird durch Ihre Achtsamkeit, durch Ihre *Konzentration* hier auf diesen Text vor Ihren Augen betreten. Es gehört also zum Wesen einer Situation die zunächst sehr einfache Eigenschaft, daß man *drin* ist. Das klingt trivial. Doch so einfach ist die Sache nicht. Ich bitte Sie, folgende Übung zu machen: Wählen Sie irgendeine schöne Erinnerung an ein Erlebnis, es kann weiter zurückliegen oder sich erst kürzlich ereignet haben. Machen Sie eine kleine Pause und lassen diese schöne Erinnerung ganz lebendig werden. Bitte betrachten Sie sich in dieser Erinnerung genau. Sehen Sie sich selbst – von außen – wie ein Bild? Oder sind Sie ganz *in* der Situation, fühlen Sie sich in der erinnerten Situation ganz in Ihrem Körper und schauen gleichsam aus Ihren Augen? Wenn Sie das geklärt haben, dann bitte ich Sie nun, diese Perspektive zu verändern. Blicken Sie zuerst auf diese Erinnerung einmal so, daß Sie sich selbst *von außen* sehen, wie ein Bild auf dem Fernsehschirm. Nun ändern Sie bitte die Perspektive und schlüpfen in sich hinein, so daß Sie ganz in Ihrem Körper in dieser Erinnerung sind. Nehmen Sie sich Zeit und spielen ein wenig mit dieser Vorstellung und ihrer Veränderung. Wechseln Sie zwischen der Außen- und Innenansicht.

Was zeigt sich bei dieser kleinen Übung? In einer Situation können wir auf zweifache Weise gegenwärtig sein: Sinnlich in unserem Körper oder eher in unseren Gedanken. Jetzt sind Sie mit Ihren Gedanken hier bei diesen Buchstaben. Doch Sie können sich auch vorstellen, wie Sie aussehen, während Sie das hier lesen: die Position Ihres Körpers, die Umgebung usw. Einigen fällt diese »Außenperspektive« eher schwer, anderen ist sie vertraut. Aber jeder kann mit einiger Übung sich von außen oder sinnlich im Körper vorstellen. Das, was sich durch solch eine vertauschte Perspektive verändert hat, war eine *Bewegung Ihrer Achtsamkeit*. Wir sind also in der Lage, unsere Position in einer Situation und damit unsere Wahrnehmung zu verändern. Die Tür durch die Sinnesorgane ist kein Zug, der nur auf seinen Gleisen in eine Richtung fahren kann. Eher schon ist es wie die freie Bewegung eines Fischs im Wasser oder eines Vogels in der Luft. Wir können das, wie wir in einer Situation *gegenwärtig* sind, selbst wählen.

Die Übung, unsere Achtsamkeit auszuweiten und zu vertiefen, haben wir schon kennengelernt. Auch dadurch verändert sich die Wahrnehmung der Situation. Es genügt, sich zu *entschließen*, auf diesen oder jenen Aspekt der Situation besonders konzentriert zu achten: Auf die hörbaren Töne, auf das Körpergefühl, auf den Atem, auf eine bestimmte Farbe in der Umgebung oder auf innere Bilder und Wörter. Die einfache *Entscheidung* (Intelligenz II) genügt, die Achtsamkeit umzulenken, zu vertiefen, die Sichtweise zu ändern.

Wenn sich die Perspektive oder die Intensität der Wahrnehmung einer Situation *ändert,* dann bemerken Sie, vielleicht nur ganz langsam, ganz sanft, wie sich zugleich Ihre *Gefühle* ändern. Bei der kleinen Übung von eben, als Sie die Perspektive in der erinnerten Situation vertauschten, von außen nach innen oder umgekehrt, haben Sie dabei bemerkt, wie sich Ihre Atmung, die Intensität Ihrer Achtsamkeit, Ihre Gefühle verändert haben? Wählen Sie eine beliebige Situation aus Ihrer Erinnerung, und vertauschen Sie die Perspektiven; sehen Sie sich von außen an, dann gehen Sie hinein in Ihren Körper, wieder zurück und wiederholen Sie das einige Male. (Nehmen Sie sich vielleicht einfach etwas Zeit, ein wenig mit dieser Vorstellung zu spielen, und achten Sie dabei auf die Veränderung Ihrer Gefühle, Ihrer Stimmung.)

Wie real ist die wahrgenommene Welt?

Wahrnehmen – das heißt also immer: Wahrnehmen in einer Situation. In der Wahrnehmung verbindet sich unsere Achtsamkeit mit unseren Sinnen, öffnet sich zu den darin erscheinenden Tönen, Farben, Formen und Stimmungen. Zugleich verändern *wir* uns aber *mit* unserer Wahrnehmung, *mit* unserer Stimmung. Damit jedoch nicht genug. Wir schieben gleichsam – es geschieht automatisch, aus Gewohnheit – *vor unser Wahrnehmungsfenster* einen Filter, eine Karte. Wir *interpretieren* das, was wir sehen, hören, fühlen. Das geschieht ohne Absicht – wenigstens *gewöhnlich* geschieht es ohne Absicht.

89

Schopenhauer sagt: Die Welt ist meine Vorstellung. Das, was wir sehen, ist nur das Gesehene, nicht etwas »dahinter«. Wir sehen nicht den »Tisch an sich« (was immer das sein mag), wir sehen immer nur eine bestimmte Perspektive dieses Tisches dort im Zimmer, tasten seine Oberfläche, riechen vielleicht das frische Holz, aus dem er gemacht wurde. Die Welt ist unsere Vorstellung; aber die Formen und Farben unserer Vorstellung machen nicht wir aus freien Stücken. Das bewußte Ego *erfindet* nicht in jedem Augenblick seine eigene Welt. Das, was sich als Vorstellung in einer Situation zeigt, ist immer schon das *Resultat* eines Wechselspiels aus unserer Achtsamkeit, unserer Erfahrung und dem, was uns an Dingen, an Stimmungen, an Lebewesen in Situationen begegnet.

Diese Frage ist vertrackt und hält die Philosophie in Atem. Gibt es da draußen eine »objektive Realität«? Ist alles nur eine Projektion unseres Geistes, eine Erfindung unseres Gehirns? Wenn man die Fragen so stellt, landet man sehr rasch in Paradoxien, aus denen es keinen Ausweg gibt. Denn wenn alles, was wir wahrnehmen, eine Projektion unseres Gehirns ist, dann ist ja auch unser Modell vom Gehirn nur eine Projektion. Wie kann eine Projektion die Projektion ihrer eigenen Projektion sein?

Andererseits nehmen wir niemals die »Dinge an sich« wahr; wir erfassen immer nur Erscheinungen, genauer *Bedeutungen* – Formen, Farben, Töne, die schon vorinterpretiert sind, die sich in das einfügen, was wir als Karte für unsere Sinne unbewußt verwenden. Wir sehen nicht ein »Haus an sich«, wir sehen dort das Haus unseres Nachbarn, mit diesem Dach und jenem Vorgarten, ein Haus, in das wir vielleicht schon ein paarmal eingeladen waren. Bedeutungen können wir nicht vom Ding abziehen, sie machen vielmehr all das aus, was wir wahrnehmen. Jeder nimmt sozusagen sein Haus, seine Stadt, sein Auto wahr. Aber immerhin gelingt es uns meistens, diese »subjektive«

Wahrnehmung für *gemeinsame* Handlungen zu nutzen. Schließlich gehen wir *zusammen* ins Kino, nicht jeder geht in sein *eigenes*.

Wir sollten hier also zwei Extreme vermeiden, die für das Verständnis unserer kreativen Möglichkeiten sehr wichtig sind: Weder ist die wahrgenommene Welt eine *beliebige* Projektion unseres Geistes, unseres Gehirns, noch ist sie von unabänderlicher, objektiv-fixierter Struktur, die wir nur passiv durch unsere Sinne erfassen können. Das, was wir in Situationen wahrnehmen, ist vielmehr ein *Wechselspiel* zwischen unseren Gedanken und dem, was sich als *Tatsache* zeigt.

Eine Tat-Sache ist etwas, was durch eine *Tat* entsteht. Eine Fotografie hält z. B. eine Tatsache fest. Tatsächlich? Sie hält nur das »fest«, was sich durch die Tat des Fotografierens zeigt. Wir können Entfernung, Perspektive, Belichtung usw. selbst bestimmen. Die Welt, die sich dann zeigt, ist eine jeweils andere Erscheinung. Aber das, was wir auf dem Foto sehen, hat dennoch nicht einfach der Fotoapparat »gemacht«. Und selbst wenn wir ein Foto am Computer verändern, bleibt etwas, was wir nicht gemacht haben. Ähnlich funktioniert unsere Wahrnehmung. Eine Tatsache ist das Ergebnis eines *Wechselspiels* zwischen unserer Achtsamkeit und der Situation, in der wir aktiv sind.

Vor allem aber: Die Welt ist *unsere* Vorstellung, sie ist nicht nur *meine* Vorstellung. In einem Bild könnte man sagen: Weil die Natur auch eine Vorstellung von sich selber hat (man nennt das »Naturgesetz«) und weil andere Menschen und Lebewesen *ihre* Vorstellungen haben, prallen in einer Situation immer *viele* Vorstellungen aufeinander. Und deshalb ist die Welt nicht so, wie wir sie uns *individuell wünschen*. Die Welt ist ein Wechselspiel, in der die Achtsamkeit in vielen Köpfen mit sich selber spielt. Deshalb können wir unsere Situationen verändern, aber wir können sie nicht *beliebig* verändern, wir müssen auf ihre Eigenheiten achten, wenn wir die offenen Stellen für Veränderungen kreativ nutzen wollen.

Die fünf Aspekte des Daseins

Wir nehmen eine ganze Welt wahr, und die Situationen unseres Alltags sind der Ort dieser Wahrnehmung. Aber was heißt eigentlich »Situation«? Was bezeichnet man damit? Dieser Begriff wurde gebildet nach dem lateinischen Wort *situs*, das soviel wie eine Lage bedeutet, in der man sich befindet. Situation ist die Art und Weise, wie wir Menschen *da sind*. »Situation« ist der Begriff für das menschliche Dasein. Wir sind nicht ein einsames Gehirn oder ein einsames Bewußtsein, das einen Körper steuert und sich inmitten anderer Körper bewegt – das wäre ein sehr grobes, vereinfachendes Modell vom Menschen. Henri Bergson, ein französischer Philosoph, der 1907 ein grundlegendes Werk zur Kreativität geschrieben hat (»L'évolution créatrice«), sagte zum menschlichen Dasein: »Wir suchen nur die genaue Bedeutung, die unser Bewußtsein dem Wort ›Dasein‹ gibt, und da finden wir, daß Dasein für ein bewußtes Wesen darin besteht, sich zu wandeln; sich zu wandeln, um zu reifen; zu reifen, um sich selbst unendlich zu erschaffen.«

Dasein heißt: sich wandeln. Und dieser Wandel vollzieht sich *in* einem und *als* ein Wandel unserer Situation. Wir sind da als achtsame Wesen, und unsere Achtsamkeit bezieht sich auf die verschiedenen Aspekte unserer Situation. Man könnte hier zahlreiche Dinge aufzählen. Es hat sich jedoch gezeigt, daß die Verwendung von *fünf* Aspekten des situativen Daseins eine weitgehend vollständige Beschreibung erlaubt.

Diese fünf Aspekte dienen als Orientierung, als Karte zur kreativen Veränderung der Situationen des Alltags. Wir haben einzelne dieser fünf Aspekte bereits kennengelernt, an unterschiedlichen Stellen unserer Betrachtung der eigenen Kreativität. Hier wollen wir sie zusammenfassend darstellen und daraus ein Modell der kreativen Situation entwickeln.

Ich habe diese fünf Aspekte der kreativen Situation auch die »situativen Modalitäten« genannt. Eine Modalität ist die Art und Weise, wie etwas *da ist*. Die fünf Aspekte der kreativen Situation, *jeder menschlichen Situation,* sind die fünf Modalitäten des menschlichen Daseins. Man kann auch sagen: Dies sind die fünf »Einfärbungen« unserer Achtsamkeit. Diese fünf Modalitäten der kreativen Situation sind nicht unabhängig voneinander, aber sie können jeweils auf besondere Weise unsere Achtsamkeit fesseln. Ich sollte, um Mißverständnisse zu vermeiden, noch ergänzen, daß das Modell der kreativen Situation sich zunächst an einer Einzelperson orientiert, aber nicht damit identisch ist. Es kann auch für Gruppen, Organisationen usw. angewendet werden. Zahlreiche Aspekte der kreativen Situation sind vielen Menschen *gemeinsam*. Die fünf Aspekte der kreativen Situation liegen *vor* der Unterscheidung zwischen »Ich« und »Du«, weshalb ich auch oft einfach »wir« sage, um dies zu verdeutlichen.

(1) Die *Wahrnehmung* ist die Pforte, durch die wir als achtsame Wesen jede Situation betreten. Müssen wir die Wahrnehmung überhaupt als eigenständigen Aspekt betrachten? Man könnte sagen, daß die Wahrnehmung nur eine *Beziehung* zwischen Sinnesgegenständen und Bewußtsein (Subjekt) ist. Doch dieser Gedanke verkürzt unzulässig die Erfahrung und das Erlebnis des situativen Daseins. Wir können nämlich die Wahrnehmung verändern und beeinflussen. Wenn wir *achtsam* auf etwas blicken, verändert sich der angeschaute Gegenstand. Wir können die Wahrnehmung auch durch technische Hilfen (Brillen, Mikroskope, Lautsprecher usw.) beeinflussen. Die einfachste Form, einen wahrgenommenen Gegenstand zu verändern, ist allerdings so naheliegend, daß wir es fast vergessen: Wir schließen die Augen, halten uns die Nase zu, verstopfen die Ohren, um etwas fernzuhalten, es also nicht wahrzunehmen. Oder wir gehen im Gegenteil zur besseren Wahrnehmung auf etwas zu, drehen das Ohr zu einem Geräusch usw. Die Wahrnehmung, die Eintrittspforte der Achtsamkeit in die Welt, ist also ein erster, wichtiger Aspekt der kreativen Situation – ein *verwandelbarer* Aspekt.

(2) Das, *worauf* sich die Wahrnehmung meist zuerst richtet, sind *Sinnesgegenstände*. Wir sind immer mit Sinnesgegenständen umgeben. (Sogar im Traum erscheinen uns Traumgegenstände.) Sinnesgegenstände erscheinen ihrerseits in fünffacher Form: als Gesehenes, Gehörtes, Getastetes, Geschmecktes und Gerochenes. Es ist wichtig, nochmals daran zu erinnern: Sinnesgegenstände sind keine *Dinge an sich*. Das, was wir als Sinnesgegenstand wahrnehmen, ist schon eine *Interpretation*. (Denken Sie bitte an die kleine Stubenfliege aus dem 2. Kapitel, die über einen Kaffeetisch krabbelt und Zucker sucht. Ihre Welt ist eine ganz

andere als unsere – und dennoch leben wir in derselben Welt.) Wenn wir die Interpretation, die Karte ändern, ändert sich auch *die Bedeutung* dessen, was wir als Sinnesgegenstand wahrnehmen. Auch der zweite sinnliche Aspekt der kreativen Situation ist also abhängig von anderen situativen Modalitäten, vor allem vom Denken.

(3) Ein dritter, sehr wichtiger, gleichwohl häufig vergessener Aspekt der Situation sind die *Gefühle* und die *Stimmungen*. Gefühle kann man bewußt wahrnehmen; oftmals sind sie aber ausgeblendet, vergessen oder verdrängt. Gefühle haben, wenn man darauf achtet, meist einen sehr genauen Ort im Körper. Wir fühlen unsere Freude im Bauch (Sonnengeflecht); eine Furcht schnürt uns den Hals zu. Der ganze Körper wird gefühlt, wenn man darauf achtet. Ich brauche nur zu sagen: Liebe Leserin, lieber Leser, Sie fühlen jetzt Ihr linkes Ohr – und schon fühlen Sie es. Die Gefühle und Körperempfindungen sind *da,* man braucht sie nur zu beachten. *Stimmungen* haben einen etwas anderen Charakter. Wir haben im Kapitel über die Achtsamkeit schon ausführlich darüber gesprochen. Man kann sie nicht greifen oder »verstehen«, nur selbst fühlen. Sie färben unsere Achtsamkeit auf eine nicht immer durchschaubare Weise ein, noch ehe wir uns konkreten Sinnesgegenständen zuwenden.

(4) Der vierte Aspekt der kreativen Situation ist für Veränderungen vielleicht der wichtigste, der direkte Anknüpfungspunkt. Wir sind nicht einfach nur *da,* wir sind immer in Bewegung. Wenigstens atmen wir. Die Atmung ist ein sehr seltsames Bewegungsmuster, denn es schwankt zwischen bewußt und unbewußt. Wenn man sich daran erinnert, *daß* man atmet, kann man die Atmung sofort verändern: verlangsamen, beschleunigen, anhalten. (Und während Sie das hier lesen, haben Sie vermutlich Ihre Atmung bereits verändert, weil Sie darauf geachtet haben – spätestens *jetzt.*) Die Atmung ist das wichtigste Bewegungsmuster, es ist *lebenswichtig.* Das Wort »Atem« ist mit dem

Sanskritwort *atman* verwandt. Die alte indische Literatur hat im *atman* das Wesen des Menschen gesehen, sein *Selbst,* ein bewegtes, dynamisches Selbst.

Es gibt sehr viele Bewegungsmuster. Menschen sind aktive, handelnde Wesen, und jede Tätigkeit hat ihren eigenen Rhythmus, ihr eigenes Muster: beim Gehen, beim Autofahren, beim Schreiben auf dem Computer, beim Kochen, beim Rechnen usw. Mit unserer Achtsamkeit sind wir meist nicht auf die Bewegungsmuster, sondern auf die Sinnesgegenstände ausgerichtet, die wir steuern wollen. Das ist möglich, weil sehr viele Bewegungsmuster zu *Gewohnheiten* werden. Sie laufen *unbewußt* ab. Es sind die Bewegungsmuster, die uns von einer Situation in eine andere bringen. Und wenn Kreativität heißt, eine neue und wertvolle Situation zu schaffen, dann sind es *vor allem* die Bewegungsmuster, die Gewohnheiten, denen wir unsere Aufmerksamkeit zuwenden müssen.

(5) Die wichtigsten Bewegungsmuster vollziehen sich allerdings gar nicht äußerlich, sie verlaufen innen: im *Denken*. Das Denken ist der fünfte Aspekt, die fünfte Modalität der kreativen Situation. Unser Denken ruht fast nie. Es läuft meist rascher als unsere Atmung. Und das Denken verläuft sehr oft unbewußt. Wir denken, ohne es überhaupt zu bemerken. Oder genauer gesagt: Wir bemerken nur wenige unserer Denkprozesse. Der französische Aufklärungsphilosoph René Descartes hatte geglaubt, daß wir sehr rationale und bewußte Wesen seien. Alle unsere Gedanken seien uns auch klar und deutlich bewußt. Descartes hat sogar das Wesen des Menschen durch sein klares Denken definiert. Wir haben inzwischen lernen müssen, daß das eine große Illusion der Moderne war. Gefühle und unbewußte Prozesse bestimmen wohl den weitaus größeren Teil des Denkens. Vor allem die Psychoanalyse hat das gelehrt.

Auch Denkprozesse werden automatisiert, werden zu Gewohnheiten. Die Grammatik unserer Sprache ist solch ein unbewußtes Bewegungsmuster. Wir achten meist nur darauf, wenn wir eine *fremde* Sprache erlernen. *»Nur etwas jemand wenn falschen in schreibt Reihenfolge«* – wie bei diesem Satz, den Sie eben gelesen haben, dann bemerkt man, daß *unbewußt* unsere Denkbewegungen nach Regeln organisiert sind. Andere solcher Regeln sind logische Schlußfolgerungen, wie z.B.: »Wenn alle Europäer Zweibeiner sind, und Peter ist ein Europäer, dann ist Peter ein Zweibeiner.« Auch in der Logik fallen die Regeln meist nur dann auf, wenn Fehler gemacht werden, wie z.B. bei der Schlußfolgerung: »Frauen sind meist klüger als Männer. Petra ist eine Frau, also ist Petra klüger als Peter.«

Wir werden die Bewegungsmuster des Denkens in einem eigenen Kapitel dieses Buches genauer untersuchen und ihr kreatives Potential ausloten. An dieser Stelle wollte ich nur einen kurzen, zusammenfassenden Überblick über die fünf Aspekte, die fünf Modalitäten der kreativen Situation geben. Wir können festhalten: Wir sind nicht »einfach« da in einer Situation, wir sind auf ganz spezifische, aus fünf Perspektiven beschreibbare Weise *da*. Die gegenseitige Abhängigkeit dieser fünf Aspekte der kreativen Situation ist dafür verantwortlich, daß sich Situationen verwandeln, daß wir uns selbst mit diesen Situationen verwandeln. Man kann also das Modell der kreativen Situation benützen, um kreative Prozesse einzuleiten, um sich selbst zu verändern und als kreatives Wesen zu erfahren.

Bleibend ist nur der Wandel

Situationen sind niemals dauerhaft; irgendwann bekommt jeder Hunger, wird müde, möchte etwas sagen usw. Unsere *erlebte* Welt ist in dauerndem Wandel. Sogar das Ich legt sich sozusagen schlafen. Im Tiefschlaf ist es verschwunden. Auch das, was wir wahrnehmen, verändert sich unaufhörlich. Zwar *denken* wir, daß die Dinge bleibende, substantielle, starre Wesen seien. Doch das ist ein Gedanke, nicht die Art und Weise, *wie* sich die Dinge zeigen. Das Haus vor meinem Fenster verändert sich unaufhörlich, abhängig vom Lichteinfall der Sonne, den Wolken, Regentropfen an den Hauswänden, dem Licht der Straßenbeleuchtung bei Nacht. Was uns in Situationen begegnet, sind niemals unveränderliche, starre Dinge.

Wir aber *glauben* an starre, ewige Dinge. Wir glauben an die Beständigkeit unseres Ichs – obgleich unsere Stimmungen an einem Tag sehr oft schwanken; wir sind hungrig oder gesättigt, müde oder munter, und vor allem die Gedanken fließen unaufhörlich. Wir glauben auch an die Beständigkeit äußerer Dinge. Wenn sich in einer Situation etwas ändert und wir diesen Glauben an die Unvergänglichkeit der Dinge *beibehalten,* dann entstehen *Probleme.* Der letzte Grund *aller* Probleme ist der Widerspruch zwischen unserem Glauben an beständige Dinge und der unaufhörlichen Veränderung unserer Erlebnissituationen. Es gibt Veränderungen, die benötigen viel Zeit. Man nimmt sie zunächst gar nicht wahr. Das erste graue Haar ist ein auffallendes Ereignis, ein ergrauter Kopf entwickelt sich dagegen langsam und schleichend. Lange Jahre hindurch erscheint eine Wohnung sauber und praktisch, doch irgendwann wird eine Renovierung unvermeidlich. Man spricht hier auch von Wahrnehmungsschwellen. Unterschwellige Veränderungen nehmen wir überhaupt nicht wahr. Dennoch vollziehen sie sich unaufhörlich.

Gewiß, wir tun alles, unseren Glauben an die Beständigkeit unseres Selbstbildes und der uns umgebenden Dinge sicherzustellen. Wir bauen Mauern um uns, schützen Geräte mit einem Gehäuse, ziehen Zäune, definieren Grenzen; wir schließen Versicherungen ab, die uns vor Gefahren bewahren sollen, erlassen Gesetze und treffen vertragliche Vereinbarungen usw. Kurz: Wir versuchen, unsere Umwelt nach unseren Bedürfnissen in bestimmte Strukturen zu pressen. Doch diese Versuche, eine für unsere Gewohnheiten berechenbare, verläßliche Welt zu erschaffen, scheitern immer wieder: durch Unfälle, Naturkatastrophen, plötzlich versagende Geräte, aber auch durch ein unerwartetes Glück oder eine günstige Gelegenheit. In all diesen Fällen hören die Gewohnheiten auf zu funktionieren.

Situationen sind also immer im Wandel. »Bleibend ist nur der Wandel«, heißt es in einer frühen Version des »I Ching«. Wenn man gegen einen Strom einen Damm errichtet, dann entsteht ein Überdruck. Ähnlich ergeht es uns in unserem täglichen Erleben. Auch wir errichten einen Damm aus Gewohnheiten, die uns Sicherheit geben sollen. Wenn sich aber die Situation deutlich verändert, wenn die alten Gewohnheiten nicht mehr funktionieren, dann entsteht eine seltsame Energie. Diese Energie drückt sich zunächst als Gefühl oder als veränderte Stimmung aus. Wenn etwas nicht funktioniert, wenn eine alte Gewohnheit nicht zum Ziel führt, dann reagieren viele mit Wut und Aggression. Sie geben der Situation, den Umständen die Schuld. Andere suchen den Fehler bei sich und verfallen in Selbstzweifel oder Selbstmitleid. Wenn es nicht gelingt, das eigene Selbstbild in den sich wandelnden Situationen zu erhalten und zu verteidigen, dann fühlen wir selbst uns bedroht.

Wenn jemand seine Arbeit verliert, weil das Management einer Firma nicht genügend kreatives Potential entfaltet, um durch neue Produkte die Umsätze zu sichern und statt dessen die Kosten senken will, dann entsteht eine völlig neue Situation. Die alten Gewohnheiten funktionieren nicht mehr. Das Einkommen sinkt und fordert eine Anpassung an den knappen Geldbeutel. Die tägliche Routine hört plötzlich auf, aber auch die Selbstbestätigung, die vielleicht mit einer Tätigkeit verbunden war. Die Möglichkeiten, aus der Anwendung seiner Intelligenz I Nutzen zu ziehen, entfallen. Die Reaktionen sind bekannt: Menschen werden traurig, depressiv, ja oft verzweifelt. Aber auch bei weit weniger dramatischen Änderungen zeigt sich eine ähnliche Reaktionsweise. Wenn eine Küchenmaschine, die bislang brav funktionierte, plötzlich mit einem lauten Zischen in einer Rauchwolke ihren Dienst einstellt, dann entsteht ein kleines Problem. Das Reaktionsmuster ist fast immer dasselbe: Zuerst schimpft man auf »die Technik«, dann gerät man in Selbstzweifel (»Heute geht auch alles schief!«), schließlich akzeptiert man das Problem und sucht eine Lösung.

Es handelt sich hier um ein allgemeines Bewegungsmuster, das immer wiederkehrt und seinen Grund hat im Glauben an beständige Dinge, an ein unveränderliches Selbstbild, während die Situationen sich unaufhörlich, einmal eher schleichend, dann wieder dramatisch schnell verändern. Der Versuch, eine Gewohnheit in einer völlig veränderten Situation zu wiederholen, scheitert. Wenn man deshalb starr an seinen Gewohnheiten, an seinem Selbstbild (Beruf, Rolle, Funktion usw.) festhält, dann hält man an einem Irrtum fest. Wir sind eben nicht beständige, ewige Wesen; wir wandeln uns unaufhörlich, wie die Dinge um uns herum. Starr an einer Gewohnheit festzuhalten, die *gescheitert* ist, führt psychisch zu Angst, Depression, Verzweiflung, wenigstens zu einem Gefühl der Frustration. Scheiternde Gewohnheiten in veränderten Situationen – das ist die wohl beste Definition für »Problem«.

Gewöhnlich verhelfen Routinen von einer Situation in eine andere, von einem unerwünschten Zustand zu einem Zustand, den wir uns wünschen. Im Modell der kreativen Situation haben wir dies im Begriff der »Bewegungsmuster« zusammengefaßt. Das routinierte »Problemlösen« (die Anwendung von Intelligenz I und Intelligenz II) leitet uns durch die Situationen des Alltags. Es führt uns aber immer nur zu *erwarteten* Situationen. Gewohnheiten funktionieren nur, wenn sich auch die äußeren Umstände wiederholen. Die Bewegungsmuster setzen damit Sinnesgegenstände voraus, die entweder unveränderlich sind oder aber mit schöner Regelmäßigkeit wiederkehren, wie die monatliche Überweisung auf das Gehaltskonto, der Bus am Morgen zur Arbeit, die Funktionsweise des Videorecorders, wenn wir ihn einschalten usw.

Verändern sich aber die äußeren Umstände, dann hören die Bewegungsmuster auf zu funktionieren. Es kann auch geschehen, daß unsere *Fertigkeiten* sich verändern, vielleicht weil wir älter werden, weil wir mit einer entstehenden Schwierigkeit nicht fertig werden, weil uns bestimmte Dinge einfach *langweilen*. *Probleme* kann man jedenfalls auch so beschreiben, daß zwischen einem Bewegungsmuster und einem Sinnesgegenstand ein Widerspruch entsteht. Zur *Lösung* des Problems müssen wir dann eine neue Denk- oder Handlungsweise ausprobieren. Hierzu ist aber *Kreativität* erfordert.

Es ist allerdings sehr häufig nur eine Art Tarnung, wenn Menschen besonders hektisch und aktiv erscheinen, wenn sie unaufhörlich in ihrer Umgebung alles »verändern« und »besser« machen wollen. Darin drückt sich einfach nur eine Angst aus. Solch eine scheinbar höchst aktive Person ist oft einfach nicht fähig, die *eigenen* Gewohnheiten zu verändern. Sie würde eher die halbe Welt einreißen, anstatt *sich selbst* zu ändern. Viele unserer gegenwärtigen globalen Probleme sind ein Resultat dieser Starrheit. Weil wir die *gewohnte* Lebensweise nicht verändern wollen – steigendes Einkommen, steigende Umsätze und Gewinne, höhere Geschwindigkeiten usw. –, deshalb versuchen wir unaufhörlich, die äußeren Umstände *unseren Gewohnheiten* anzupassen. Selbst Kriege werden geführt, um ein nationales »Selbstbild« zu verteidigen.

Wer »Flexibilität« immer nur von den *anderen* verlangt, der verteidigt nur ängstlich seine Gewohnheiten und vielleicht die damit verbundenen Privilegien. Es reicht nur bis zur Intelligenz I. In den Medien findet ein Lob häufig derjenige, der »die Ärmel aufkrempelt« und allerlei Wirbel veranstaltet, um seine *Umgebung* zu verändern. Man preist eine derartige Haltung sogar mit Begriffen wie »konsequentes Handeln«, »energisches Durchgreifen«, »Führungsqualitäten«. Tatsächlich sind *solche* Führungskräfte oft arme, unbewegliche, gefesselte Menschen. *Sie selbst* verändern sich nie. Sie klammern sich an ihre Gewohnheiten, ihre Erwartungs*haltungen* (ein vielsagendes Wort), ihre Meinungen. Es gibt nicht nur eine Intelligenz I, es gibt auch eine dazugehörige Dummheit I.

Darin liegt freilich meist keine böse Absicht, der Grund ist einfach die *Angst vor Selbstveränderung.* Hier fehlt der *Mut zur eigenen Kreativität,* zu einer Kreativität, die auf eigene Bewegungsmuster des Denkens und Handelns achtet und sie verändert. Die Lösung für Probleme, die aus einem Widerspruch zwischen gewohnten Denk- und Handlungsweisen einerseits und einer veränderten Situation andererseits entstehen, liegt meist *innen,* nicht außen. Dazu muß man sich allerdings zur schwersten aller Erkenntnisse durchringen: zur *Selbsterkenntnis.* Selbsterkenntnis ist deshalb so schwer, weil wir die *ganze* Struktur unserer Situationen nicht kennen, *in und aus* der wir uns selbst interpretieren, woraus wir unser Selbstbild aufbauen und erhalten. Hierzu nun bietet das Modell der kreativen Situation eine Hilfe an.

Zur Anwendung des Modells der kreativen Situation

Der *gewöhnliche* Weg, um von einer Situation in eine andere zu gelangen, folgt den Bewegungsmustern des Denkens und Handelns. Dies ist der Weg der Intelligenz I, häufig ergänzt durch kleinere Entscheidungen (Intelligenz II). Bei gewohnten Prozessen sind die *äußeren* Veränderungen (Sinnesgegenstände), die Wahrnehmungen, die Bewegungsmuster und die Gedanken in Harmonie. Ich will das kurz verdeutlichen. Wir bemerken, daß Kaffee im Haushalt fehlt. Der Wunsch (das Gefühl und der Gedanke) nach Kaffee kann nicht befriedigt werden; die übliche Routine (Wasser in die Kaffeemaschine, Filter einlegen, Kaffeelöffel abzählen) funktioniert nicht. Der Weg von der ersten Situation (Lust auf Kaffee) zur zweiten Situation (eine heiße Tasse Kaffee auf dem Schreibtisch) ist unterbrochen. Das ist gewiß kein großes Problem. Man kann auf ein anderes Gewohnheitsmuster zurückgreifen: Schuhe anziehen, Geldbörse mitnehmen, in den Supermarkt laufen und Kaffee einkaufen. Nun kann es geschehen, daß auch dieses Bewegungsmuster scheitert, weil heute Sonntag ist und der Supermarkt geschlossen hat oder weil wir vergaßen, Geld am Bankautomaten zu holen. Jedes dieser Probleme zieht ein weiteres Bewegungsmuster nach sich (wir gehen zur Bank oder fahren zu einer Tankstelle, um dort Kaffee zu kaufen).

Unser gewöhnlicher Alltag ist eine Folge solch verketteter Gewohnheitsmuster. Die fünf Aspekte der Situation sind daran unterschiedlich, vielfach unbewußt beteiligt. Und natürlich können wir die kleinen Alltagsprobleme auch ohne Kenntnis des Modells der kreativen Situation bewältigen; wir benötigen dazu fast ausschließlich unsere Intelligenz I und II, also die Anwendung von Fertigkeiten und die Auswahl zwischen gegebenen Alternativen. Allerdings zeigen sich bereits hier vielfach kleinere Probleme, und es sind die *Gefühle,* die das zuallererst signalisieren. Viele Routinen funktionieren zwar, aber wir fühlen uns nicht sonderlich wohl dabei.

Wer sich müde fühlt und darauf mit dem Gedanken »ich mache mir Kaffee« reagiert, der verfügt über eine gut funktionierende Gewohnheit. Vielleicht aber stellt er oft abends fest, daß er zu viel Kaffee getrunken hat. Er fühlt sich nervös, der Magen ist nicht in Ordnung, und trotz all des Kaffees ist er todmüde. Einige Tassen Kaffee mögen hilfreich sein, einige Kannen sind zu viel. (Von Zigaretten schweige ich lieber.) Die Gefühle, die Körperempfindungen schlagen immer zuerst Alarm, wenn wir durch unsere Gewohnheiten in *unbefriedigenden* Situationen ankommen, die wir eigentlich vermeiden wollten. Hier ist Intelligenz III, hier ist Kreativität gefordert.

Wenn wir das »Kaffee-Muster« näher betrachten, dann entdecken wir eine Sequenz folgender Prozesse: Man fühlt sich etwas müde und macht sich sofort Kaffee. Was ist hier von der *ganzen* Situation ausgeklammert? Offenbar ist ein *Gedanke* zu einer festen Glaubensüberzeugung geworden, die gar nicht mehr hinterfragt wird: »Wenn man müde ist, trinkt man Kaffee.« Hier kann die Achtsamkeit auf die *ganze* Situation einige Muster aufbrechen. Ich bleibe bei diesem Beispiel: Müdigkeit ist eine Wahrnehmung des eigenen Körpers. Aber sind wir tatsächlich *müde,* ist es vielleicht nicht so, daß wir uns einfach etwas vom Schreibtisch erheben wollen? Dann wäre ein kleiner Spaziergang, das Öffnen des Fensters, eine kurze Besorgung vielleicht ein Bewegungsmuster, das denselben Effekt wie Kaffee erzielt. Auch kann man das Getränk durchaus variieren (häufiger Fruchtsaft statt Kaffee). Die *Interpretation* von »Müdigkeit«, ihre Wahrnehmung bestimmt den gesamten weiteren Verlauf unserer Handlung. Die Achtsamkeit auf den Auslöser eines Bewegungsmusters kann das Muster selbst verwandeln.

Wenn uns eine ungute Stimmung, ein Gefühl das Signal gibt, daß die erreichte Situation nicht zu unserer Zufriedenheit ist, dann ist es hilfreich, alle Aspekte der Situation achtsam zu untersuchen. Wenn uns etwas *Äußeres* fehlt, bemerken wir das in aller Regel zuerst. Sinnesgegenständen gilt überwiegend unsere Achtsamkeit – vor allem den anderen Menschen. Wenn jemand nicht zu einer Verabredung kommt, brauchen wir nicht eigens darauf zu achten; wir tun es bereits. Es ist aber sehr hilfreich zu fragen: Was nehme ich eigentlich *genau* wahr? Sehe ich tatsächlich das, was ich glaube? Ist Peter gestern tatsächlich zornig gewesen, oder habe ich nur eine bestimmte Äußerung *als* Zorn interpretiert?

Dieselbe Frage können wir uns bezüglich bestimmter Routinen des Denkens und Handelns stellen. Der erste und wichtigste Schritt besteht hier in einer *Verlangsamung*. Gewohnte Denk- und Handlungsweisen verlaufen nicht nur oft unbewußt, sie vollziehen sich auch sehr rasch. Um etwas daran zu verändern, zu verbessern, muß man die Denkbewegung oder die körperliche Bewegung erst einmal *verlangsamen*. Dann kann man jeden Schritt einzeln betrachten und gegebenenfalls verändern. Nicht die Langsamkeit ist kreativ, es ist die *Achtsamkeit*, die bei einer Verlangsamung von Bewegungen Details hervorheben kann. Hier gilt dasselbe, was wir bei der »flackernden Achtsamkeit« schon festgestellt haben. Die Verlangsamung erlaubt die *Konzentration* auf kleinere Einheiten, und daraus erwächst das Potential, diese kleineren Einheiten und ihre Verknüpfung so zu verändern, daß eine Verbesserung eintritt.

Sportler verlangsamen in Gedanken jeden einzelnen Schritt ihrer Bewegungen und konzentrieren sich darauf. Dadurch gelingt es, kleinste Fehler, unökonomische Zwischenschritte oder Unsicherheiten aufzudecken. Dasselbe geschieht beim Denken. Wenn man einen Satz Wort für Wort analysiert, dann entdeckt man neue Zusammenhänge, man kann auch überflüssige Verdopplungen streichen. In jedem Fall zeigt sich durch die Konzentration auf die fünf Aspekte der Situation die *Kreativität der Achtsamkeit*, durch die teilweise unbewußte Prozesse ans Licht treten und so verändert oder verbessert werden können.

Ein weiterer wichtiger Aspekt in der Anwendung des

Modells der kreativen Situation ist die Möglichkeit, unbewußte Verknüpfungen *zwischen* den fünf Aspekten entdecken zu können. Wenn man z.B. am PC sitzt und von
einer Aufgabe völlig fasziniert wird (einem Programm,
einem Text oder einem Computer-Spiel), dann ist die Achtsamkeit auf die Fingerbewegungen an der Tastatur und den
gleichzeitigen Veränderungen auf dem Bildschirm konzentriert. Einige Bewegungsmuster sind bewußt, vor allem das
Schreiben auf der Tastatur, die Bewegung der Maus oder die
Bewegungen auf dem Bildschirm. Sofern wir nach getaner
Arbeit fröhlich aufstehen, besteht kein Grund, etwas zu verändern. Wenn jedoch brennende Augen und Rücken-
schmerzen nach einigen Stunden etwas signalisieren, dann
treten vergessene Aspekte der *ganzen* Situation – nun allerdings schmerzhaft – in den Vordergrund. Oft ist die Verbindung zwischen Lesen auf dem Bildschirm und Atmung ein
unbewußtes Wahrnehmungs- und Bewegungsmuster, oder
man ist so sehr vom Internet fasziniert, daß man auf der Suche nach einem bestimmten Thema sich völlig in ganz
anderen Seiten verirrt. In all diesen Fällen wird die Achtsamkeit an einige Aspekte der kreativen Situation gefesselt,
während andere unbewußt bleiben.

Verschiedene Beobachter

Das Modell der kreativen Situation kann vor allem in Streit-
fragen hilfreich sein, wenn unterschiedliche *Wahrnehmungen* aufeinanderprallen. Hierzu müssen wir folgendes beachten: In *meiner* Situation ist eine *andere* Person ein Sinnesgegenstand, ein Gefühl und ein Gedanke. Die Sinnesgegenstände sind das, was unsere Situationen verbindet, allerdings keineswegs *eindeutig,* da wir sie sehr unterschiedlich
interpretieren können. Auch haben wir schon gesagt, daß
Stimmungen nicht nur eine private Angelegenheit sind.

Selbst das Denken ist durch die Sprache, durch Bilder oder Gesten teilweise ein gemeinsamer Prozeß. Unsere Situationen sind also auf mehrfache Weise ineinander verwoben. Weder sind unsere menschlichen Situationen völlig privat und vereinzelt, noch befinden wir uns alle in *derselben* Situation. (Selbst zwei Gefangene in einer Zelle können ihre Situation sehr unterschiedlich wahrnehmen.)

Ich möchte das situative Modell unter diesem Blickwinkel an einer heftig umstrittenen Frage näher erläutern: Gibt es so etwas wie UFOs? Die Frage scheint auf den ersten Blick doch ganz einfach zu sein. Entweder es gibt Flugobjekte, die nicht von der Erde stammen, oder alle diesbezüglichen Berichte sind Fälschungen, Täuschungen bzw. Betrugsmanöver. Ganz so einfach ist die Sache aber nicht. Der Begriff des »unbekannten Flugobjektes« ist ja nur *negativ* definiert: ein Flugobjekt, das wir *nicht* als »bekannt« einordnen können. Und wir haben im ersten Kapitel entdeckt, daß *negative* Definitionen eines Begriffs sich unaufhörlich verändern. Jede neue Beobachtung fügt dem Begriff »UFO« eine neue Facette hinzu. Was heute unbekannt ist, kann morgen vielleicht einfach erklärt werden. Aber auch umgekehrt: Was wir heute als sicher zu wissen glauben, wird vielleicht morgen durch eine neue wissenschaftliche Entdeckung sehr fragwürdig.

Doch ich möchte gar nicht diese wissenschaftliche Frage aufwerfen, sondern mich der *Situation der Beobachtung* zuwenden, in der UFOs gesehen werden. Offenbar steckt in jeder wissenschaftlichen Erklärung eine Annahme, die Annahme nämlich, daß »reale Objekte« in *jeder* situativen Perspektive existieren müssen. Wenn nur eine Gruppe von Menschen (z.B. Gläubige, die ein Wunder beobachten) etwas sieht, eine andere dagegen nicht, dann bestreitet man für solch eine Beobachtung deren »objektive Realität«. Das verengt aber völlig unnötig die wirkliche Offenheit und Komplexität der Welt. Weshalb sollten *nur*

Dinge real existieren, die *allen* Menschen gleichermaßen erkennbar und sichtbar sind? Niemand würde doch bestreiten, daß viele Menschen die Gleichungen der Quantenphysik nicht verstehen. Die *Bedeutung* dieser Gleichungen existiert für viele gar nicht. Das heißt aber sicher nicht, daß sie sinnlos sind.

Sinnesgegenstände erscheinen nie als »Ding an sich«, d.h. als etwas, das für *alle* Situationen gleich und unveränderlich so und nicht anders existieren würde. Ein erfahrener Biologe *sieht* bei einem Blick auf eine Wiese tatsächlich mehr und differenzierter als ein Mann, der fast die ganze Zeit seines Lebens auf Straßen und in Bürogebäuden verbringt. Sinnesgegenstände erscheinen nur im Filter der Wahrnehmung, und die Wahrnehmung läßt nur das erscheinen, was in den Landkarten des Wissens verzeichnet ist. Vielleicht würde ein Physiker sofort einen Wetterballon oder ein Naturphänomen erkennen, wo einem Laien ein unbekanntes Licht am Himmel erscheint.

Allerdings gilt hier auch das Umgekehrte: Ein Physiker *erwartet* nur erklärbare Naturphänomene. Er sieht, was er weiß. Wenn etwas *Unbekanntes* sichtbar wird, dann wird er es als »bloße Täuschung« bezeichnen und sich so vielleicht die Chance nehmen, tatsächlich etwas *Neues* zu beobachten. Fehlendes Wissen ist nicht unbedingt ein größeres Hemmnis als ein zu sehr an Gewohnheiten gefesseltes Denken. Beim Streit um die Existenz von UFOs geht es also nicht nur um *Beobachtungen* von Sinnesgegenständen, es geht vor allem um situative Wahrnehmungen, die wiederum auf mitunter sehr eng begrenzten Gedanken beruhen. Vielleicht sind UFOs, Wundererscheinungen, Geister usw. Phänomene, deren Eigenschaft gerade *darin* besteht, *nicht* in allen Situationen vorzukommen. Wenn man sagt, daß physikalische Gegenstände *intersubjektiv* existieren, d.h. von jedem experimentell überprüft werden können, dann erliegt man einer Illusion. Erstens ist keineswegs *jeder* in der Lage, ein physikalisches Experiment zu wiederholen, zweitens zeigen verschiedene Experimente mitunter erhebliche Schwankungen in ihren Ergebnissen.

Schließlich gibt es zahlreiche Phänomene, die weder rein individuell noch für *alle* Situationen gleichförmig auftreten. Eine beglückende Erfahrung, die man beim Musizieren mit anderen machen kann, wird unmusikalischen Menschen vorenthalten bleiben, während anderen vielleicht das Verständnis für die kollektive Begeisterung in einem Fußballstadion abgeht. Die Phänomene dieser Welt sind keineswegs alle so, wie die Physik *für ihre Gegenstände* behauptet (sehr erfolgreich behauptet, wie man an der modernen Technik erkennen kann). Dennoch sind diese anderen Phänomene – Wissenschaftler sprechen gerne von »weichen« Fakten – nicht weniger wichtig oder weniger zahlreich. Die Tränen in den Augen eines geliebten Menschen und die begleitenden Gefühle wird man *nie* auf physikalische Gesetze zurückführen können; sie sind deshalb nicht weniger »wirklich«.

Das Modell der kreativen Situation verhilft dazu, derartige Vorurteile abzubauen. Ein UFO ist ein Phänomen, das in bestimmten Situationen beobachtet wird. Wenn wir von bewußten Fälschungen absehen, so gibt es sicherlich viele Situationen, in denen etwas Ungewöhnliches sichtbar wird. Auch wenn es nie gelingen würde, dies physikalisch zu erklären, so bleibt solch ein Phänomen doch ein *Sinnesgegenstand,* der auf bestimmte Weise *interpretiert* (also gefühlt, wahrgenommen, gedacht) wurde.

Es gibt eben nicht nur *eine* Situation, die Situation des wissenschaftlichen Labors. Es gibt zahllose menschliche Situationen, die alle auf *ihre* Weise ineinander übergehen, durch Gewohnheitsmuster verbunden oder kreativ verändert. Man kann nicht *einen* Typus von Situation (das Labor, den Gerichtssaal, das Universitätsinstitut) als Maßstab und Vorbild für alle anderen verwenden. Es gibt zahllose Typen von Situationen, alle mit ihrer eigenen Dynamik und Bedeutung. Dennoch sind all diese Situationen durch die genannten fünf Aspekte beschreibbar. In den Situationen verschiedenster Menschen und Menschengruppen hebt die Achtsamkeit einige der situativen Aspekte hervor, während andere unbewußt bleiben oder sogar unterdrückt werden. Im chemischen Labor spielen Gefühle keine Rolle, während im Schlafzimmer in einer lauen Sommernacht ein Liebespaar nicht unbedingt an Reagenzgläsern interessiert zu sein braucht. Es wäre ziemlich albern, die eine Situation als »richtig« und »objektiv«, die andere als »bloß subjektiv« zu bezeichnen.

Viele Widersprüche, Streitgespräche, ja ernste Auseinandersetzungen haben ihren Grund darin, daß die Menschen *einen* Typus (oder einige Typen) von Situation zur *Norm* erheben wollen. Wissenschaftler wollen alles *letztlich* auf physikalisch-chemische Phänomene reduzieren. Damit wird eigentlich gesagt: Letztlich kann man alle Situationen auf die eines Labors zurückführen. Das ist ein arges Mißverständnis. Wenn man im Labor Gefühle (oder die Kreativität) zu messen versucht, wird man oft Schiffbruch erleiden. Das heißt dann aber ganz und gar nicht, daß bestimmte Gefühle nicht existieren würden. (Wer läßt sich schon gerne durch technische Geräte bei Intimitäten beobachten?) Und vielleicht kann man Geister deshalb nicht messen, weil sie nur alte Gemäuer und keine klinisch reinen Labors lieben.

Platon nannte es *Dummheit*, wenn man eine Meinung mit Wissen verwechselt. Allerdings hielt Platon selbst an einer Meinung fest, der nämlich, daß es nur *eine* Wahrheit geben könne, zudem eine Wahrheit, die unveränderlich sei. Ich glaube, daß unsere Überlegungen bisher viele Argumente und Hinweise ergeben haben, die diese Meinung erschüttern. Aber ich möchte nicht mißverstanden werden: Auch ich halte Wahrheit und Wahrhaftigkeit für sehr erstrebenswerte Ziele. Allerdings ist die Wahrheit *situativ*. Deshalb muß man sie immer wieder neu *erklären*. Erklären heißt, man muß die Wahrheit *in einer bestimmten Situation* zum Vorschein bringen, in veränderten Situationen also immer wieder *neu* zum Vorschein bringen. Hierbei zeigt sich, daß es wohl nur wenige Wahrheiten gibt, die für *alle* Situationen gelten. Zwar gibt es Gemeinsamkeiten; man kann sie aber nur nach Dharmakirtis Methode *negativ* definieren. (Man kann nicht sagen, was Gefühle letztlich und endgültig und genau sind – obgleich es *jeder* weiß und sie von Sinnesgegenständen oder einem gesprochenen Satz unterscheiden kann.) Weshalb gelingt nur eine *negative* Definition? Weil die Wahrheit *lebendig* ist. Sie verändert sich mit und zwischen den Situationen. Deshalb kann man nicht *endgültig* sagen, was das Wesen einer Sache ausmacht. Das Wesen der Dinge ist lebendig, ist ein Lebe-Wesen.

Wenn man sich bei einem Streitgespräch wechselseitig wirklich zur Wahrheit verhelfen möchte, dann ist es sehr wichtig, die situativen Aspekte dessen, was man behauptet, zu erklären. Damit gibt man seinem Gesprächspartner die Chance, an *seiner* Wahrnehmung der Situation Gemeinsamkeiten und Unterschiede festzustellen. Hierbei sollte man über alle fünf situativen Aspekte reden, nicht nur über das, was wir scheinbar sinnlich gemeinsam wahrnehmen. Alle Fakten sind das Resultat eines Tuns, und es gibt nur wahrgenommene und interpretierte Fakten – die *brute facts*, die »nackten Tatsachen«, sind meist nur ein Vorwand, sein Ego-Territorium zu verteidigen. Deshalb gehört zu einem kreativen Gespräch der Mut, das Territorium der eigenen Meinung zu verlassen. Dann kann die Sprache, der Dialog eine gemeinsame Kreativität entfalten.

Kreativität in Gruppensituationen

Für kreative Prozesse in Gruppen oder auch nur bei einem Zweiergespräch ist es sehr wichtig zu verstehen, daß die fünf Aspekte der kreativen Situation nicht *gänzlich privatisierbar* sind. Stimmungen, Bewegungsmuster, Karten der Wahrnehmung sind gemeinsame Phänomene, die nur jeweils anders individuell genutzt und interpretiert werden. Es gibt Gedanken, die ein ganzes Zeitalter beherrschen; man nennt sie dann ein »Paradigma«. Auch sind Stimmungen nicht nur typisch für bestimmte Räume und Orte, sie gehören historischen Epochen an. Wir können nur ahnen, wie die Stimmung einer Menschenversammlung war, die dem Kaiser zujubelte oder die mit wildem Geschrei, bewaffnet mit Äxten und Schwertern, auf einen Feind losstürzte. Vielleicht gibt es bei uns ähnliche Empfindungen, doch sie haben einen anderen Ort gefunden, beziehen sich auf andere Aspekte unserer gemeinsamen Situation.

Es ist ein arges Vorurteil, daß Stimmungen in Gruppen nur eine *individuelle* Angelegenheit seien, die »von außen« verborgen sind. Richtig daran ist nur, daß Stimmungen oft nicht *beachtet* werden, daß sie *unbewußt* bleiben. Ich konnte oft auf Sitzungen erleben, wie ein Gesprächspartner sagte, er teile seine Meinung »ganz ohne Emotionen« mit – während seine beherrscht ruhige Rede begleitet war von einem mehrfachen Wechsel der Gesichtsfarbe von Fahl-Blaß bis Leuchtendrot. Das Unbewußte verrät die inneren Prozesse fast immer als körperliche Reaktion. Man kann nicht *nicht* reagieren, sagt Paul Watzlawik. Deshalb ist es sinnvoll, *alle* Aspekte der Situation wenigstens wahrzunehmen oder sie in Gesprächen zum Thema zu machen.

Wir legen häufig einen Filter an Konventionen und Normen über unsere Treffen in Gruppen. Viele solcher Normen sind ohne Zweifel wichtig. Es gibt einfach ethische Regeln, an die man sich hält. Und das ist sehr gut so. Einige

Bewegungsmuster sind Gruppenrituale – wie Begrüßungen oder Formulierungen bei einem Gespräch. Auch darin liegt in der Regel kein Kreativitätshemmnis. Viele dieser »Etiketten« des sozialen Umgangs sind auch mehr oder weniger bewußt; nicht zufällig sind sie häufig Gegenstand des Spotts von Kabarettisten.

Solange sich Gruppenprozesse also auf *Gewohnheitsmuster* beziehen, können sie funktionieren, ohne Probleme zu erzeugen. (Allerdings gilt oft: Wer nicht mitmacht, wird von der Gruppe ausgeschlossen.) Anders ist es bei kreativen Prozessen, dann also, wenn es um *Neuerungen* geht. Wir hatten Kreativität definiert durch die beiden Bestandteile »neu« und »wertvoll«. *Beide* Teile erhalten bei Gruppenprozessen eine andere Bedeutung. Neu ist nun nur noch das, was für die ganze Gruppe neu ist, und schließlich wird auch die Gruppe mit ihren Normen entscheiden, welcher Gedanke, welches Handlungsmuster als nützlich, als wertvoll erachtet wird. Da in der gemeinsamen Situation oftmals jeder sein Ego-Territorium abgrenzen möchte, entstehen aber *Gegensätze.* Das ist vor allem dann der Fall, wenn neue Gedanken individuell verschieden *belohnt* werden: durch gesteigertes Ansehen, eine neue Position oder einfach durch Geld.

Tatsächlich besteht die Gruppe nicht aus einer Summe von Ego-Bausteinen, die sich in einem gemeinsamen Raum, an einem Ort treffen. Es ist vielmehr so, daß jedes Individuum vorausgesetzte gemeinsame Aspekte *anders* auf sich bezieht. Dadurch entsteht nicht nur der Irrtum, man habe seine Gefühle und Stimmungen für sich allein (während einem jeder eine Enttäuschung oder Freude ansieht), es wird vor allem das kreative Potential der Gruppe eingeschränkt.

Deshalb ist es für kreative Gruppenprozesse von größter Wichtigkeit, weitgehend die Ego-Spiele auszuschalten. Im Brainstorming versucht man dies durch die Einführung einer »Gruppenregierung«, eines Vorsitzenden, der gruppenwidriges Verhalten bestraft oder verbietet. Das kann funktionieren, scheitert aber sehr häufig daran, daß sich gewohnte Bewegungsmuster nicht einfach ausschalten lassen. Vor allem kann die gemeinsame *Stimmung* in einer Gruppe nicht auf dem Weg der Anweisung hervorgerufen werden. Wer damit rechnet, daß ein Sitznachbar die Stelle bekommt, auf die man selbst gerechnet hat, wird sich kaum voraussetzungslos an der Diskussion beteiligen, die auf *gemeinsame* Ideenfindung abzielt. Eine kreative Gruppe muß man deshalb in *all* ihren Aspekten betrachten und die Zusammensetzung entsprechend wählen.

Viele Gruppen kommen nicht zusammen, weil sie gemeinsam ein Problem lösen oder etwas Neues entdecken wollen; sie bilden bereits eine Gruppe aus ganz anderen Gründen (eine Schulklasse, eine Familie, eine eingesetzte Expertengruppe, eine zufällige Gruppe auf einer Tagung usw.). Unter diesen Voraussetzungen kann man nicht künstlich Gemeinsamkeiten auswählen und herstellen; man muß mit der Situation arbeiten, in der sich die Gruppe nun einmal befindet.

Auch hier kann das Modell der kreativen Situation hilfreich sein. Es mag in einer Gruppensituation zahlreiche *gemeinsame* Aspekte geben, *bewußt* sind davon nur wenige. Besser gesagt: Oft werden solch gemeinsame Aspekte durch ein »mein« und »dein«, durch das Abgrenzen des Ego-Territoriums gestört und überlagert. Wir sehen und erleben zwar gemeinsame Dinge (Sinnesgegenstände), die uns umgeben, aber wir nehmen sie vielleicht ganz anders wahr, weil wir über jeweils andere Karten verfügen.

Stimmungen spielen auch hier eine Hauptrolle. Zwar *fühlen* oftmals alle dieselbe Stimmung, bemerken es aber gar nicht, weil sie aus dem bewußten Abgrenzen hervorgehen, und dies sind meist Stimmungen, die das größte Kreativitätshemmnis darstellen: Aggression, Wut, Beleidigtsein, das Gefühl der Zurückweisung usw. Es gibt aber auch das andere Extrem. Die Gruppe steigert sich in eine Art Rausch der Gemeinsamkeit. Man ist dann bereit, Hemmungen fallen zu lassen, geht viel höhere Risiken ein als individuell und stachelt sich wechselseitig zu immer neuen »Grenzüberschreitungen« an.

Die Psychologie spricht hier vom Phänomen der »Verantwortungsdiffusion«. Gruppen sind häufig risikofreudiger als Individuen. Ich möchte dieses Phänomen nicht als »gut« oder »schlecht« bewerten. Um Hemmnisse und Hemmungen abzubauen, ist eine Gruppeneuphorie oft sehr nützlich und stellt eine positive Erfahrung dar. Wenn daraus etwas Neues entsteht, das der Gruppe nützlich ist, dann spricht nichts dagegen, sondern alles dafür. Der Glaube aber, daß solch gemeinsame Stimmungen mitgenommen werden könnten, ist ein Irrtum. Eben noch völlig euphorisiert, findet sich mancher Seminarteilnehmer dann, in den Alltag zurückgekehrt, nur um so mehr von den Mauern der Gewohnheit umstellt. Etwas Achtsamkeit auf alle fünf Aspekte der Gruppensituation nimmt ihr nicht ihren Reiz, bewahrt aber vor der Illusion, nun beginne ein völlig neues Leben. Was nur in *bestimmten* Situationen in Erscheinung tritt, wie eine Gruppenstimmung, kann nicht andere Situationen dauerhaft verändern.

Bei den Gemeinsamkeiten in Gruppen muß man beachten, daß einige davon durch die Gruppensituation selbst erzeugt werden – wie euphorische Stimmungen. Andere bleiben erhalten, wir können sie auch individuell und einzeln bei uns behalten und Nutzen daraus ziehen. Das wichtigste hierbei ist das, was eine Gruppe *immer* miteinander verbindet, auch wenn es vielleicht gar nicht bewußt erkannt ist: das Denken und die Sprache. Selbst zwei, die miteinander *streiten,* sind sich darüber einig, miteinander zu *sprechen.* Die Karten, die unsere Achtsamkeit einfärben und der Wahrnehmung eine bestimmte Bedeutung verleihen, werden vor allem durch die Gewohnheiten des Denkens, die Bewegungsmuster des Denkens wachgerufen und gesteuert. Und da wir selbst auch dann, wenn wir *allein* sind, immer noch soziale Wesen bleiben, die sehr viel mit sich selber innerlich sprechen, ist für das Verständnis der sozialen und der individuellen Kreativität die Kenntnis der Denkprozesse von grundlegender Bedeutung. Dem Denken, seiner situativen Einbettung, seiner Wirkung und Abhängigkeit von anderen Aspekten der kreativen Situation möchte ich mich im nächsten Kapitel ausführlich zuwenden.

5 ■ Lust und Last des Denkens

Das Geheimnis des Denkens

Die menschliche Kreativität umfaßt nicht nur das kreative Denken. Aber das Denken spielt auf der Bühne des Lebens eine Hauptrolle; es ist eine Rolle neben anderen, aber eben die *Hauptrolle*. Anregungen durch die Sinne, Stimmungen und Gefühle, Wahrnehmungsprozesse und körperliche Bewegungsmuster sind allerdings vom kreativen Denken nicht zu trennen. Das Denken spielt in diesem Prozeß eine Hauptrolle, weil es über eine geheimnisvolle Fähigkeit verfügt: Es kann alle Aspekte einer Situation als *innere Vorstellung* erzeugen und damit verdoppeln. Das Denken ist die Quelle aller Dualität.

Im Denken treten wir *neben* die anderen Aspekte der kreativen Situation. Man kann sich denkend aus der gegenwärtigen Situation fast völlig zurückziehen. »Ich war ganz in Gedanken« ist eine oft gehörte Entschuldigung, wenn wir uns bei jemand darüber beschweren, daß er etwas nicht bemerkt hat. Wir können offenbar unsere Achtsamkeit einer ganz eigenen, inneren Welt zuwenden. Diese innere Welt des Erinnerns, des Vorstellens, des Träumens (bei Tag und Nacht) ist neben den anderen Aspekten unserer Erlebnissituation latent immer gegenwärtig. Es ist tatsächlich ein ganz eigenes Reich, mitten in unseren Alltagssituationen, unsichtbar für andere.

Daß diese innere Denkwelt nicht mit der Achtsamkeit identisch ist, haben wir schon festgestellt. Das ist aber eine

Behauptung, die man sehr leicht überprüfen kann. Jeder kennt das Phänomen, daß eine Melodie als Ohrwurm weiterklingt, auch wenn wir es gar nicht wollen oder wünschen. Während man mit jemand spricht, verschwindet der Ohrwurm aus dem Lichtkegel der Achtsamkeit, aber kaum wendet man sich einer Routinetätigkeit zu (wie Geschirrspülen oder Autofahren), schon erklingt wieder diese innere Melodie. Die Werbung in Hörfunk und Fernsehen macht sich diese Eigentümlichkeit zunutze und versucht mit möglichst vielen Jingles und Slogans unser Denken zu kontaminieren.

Ein anderes Phänomen, das unmittelbar auf den Unterschied zwischen Denkprozessen und Achtsamkeit hinweist, ist das *Vergessen*. Oft fällt uns einfach etwas nicht ein: ein Name, eine Telefonnummer, eine Zeile aus einem Gedicht usw. Wir wissen, es ist irgendwo da innen, und wenn man etwas Geduld hat, oftmals bei völlig unerwarteter Gelegenheit, dann fällt einem das Gesuchte wieder ein. Es nützt nichts, auf den gesuchten Namen zu »achten«; wir hören oder sehen ihn ja gerade nicht innerlich. Also bringt nicht die Achtsamkeit das Denken so hervor, wie man z.B. absichtlich einen Arm hebt oder einen Finger bewegt.

Damit wird das Denken aber nur noch rätselhafter. Es ist eine innere, unmittelbar erlebte Welt; eine Welt, die uns mitunter völlig absorbieren kann – bei Tagträumen, Wünschen, aber auch in Trauer und Verzweiflung. Dennoch ist diese innere Denkwelt nicht völlig autonom. Zwar kann uns ein Gedanke – dazu gleich mehr – äußerst bedrohlich oder lästig erscheinen, es besteht aber kein Zweifel, daß die Gedanken nicht Vorgänge sind, die wir nur passiv hinzunehmen hätten, wie die Arbeit unserer Verdauungsorgane oder den Schlag unseres Herzens. Die Achtsamkeit ist nicht mit dem Denken *identisch*, dennoch gibt es eine Beziehung zwischen Denken und Achtsamkeit.

Diese Beziehung ist ähnlich wie jene zwischen Atmung und Achtsamkeit. Wenn wir auf unseren Atem achten, können wir ihn bewußt verändern: verlangsamen, vertiefen usw. Er kann aber auch völlig unbewußt und autonom ablaufen. Ähnlich ist es mit den Gedanken. Sie sind *immer da* (für jene Leser, die in Meditation geübt sind, füge ich hinzu: *fast immer da*). Aber sie sind nur in kleinen Teilen etwas, auf das wir *achten*. Saloppe Sprüche wie: »erst denken, dann sprechen«, »erst das Gehirn einschalten, bevor man redet«, sagen das eigentlich recht klar. Man ist sich seiner Gedanken nicht immer bewußt.

Bei allen situativen Aspekten, über die wir schon gesprochen haben (Sinnesgegenstände, Stimmungen und Gefühle, Wahrnehmungen, Bewegungsmuster), konnten wir sehen, daß durch das bloße Darauf-*Achten* sich eine Sache selbst verändert, verdeutlicht, klärt usw. Ganz besonders gilt dies aber für die Gedanken. Gedanken sind dem Lichtkegel der Achtsamkeit sehr nahe und können sehr stark davon beeinflußt werden. Allerdings ist es nicht ganz einfach, die Achtsamkeit immer zu konzentrieren, »sich« auf einen Gedanken zu konzentrieren. Gedanken haben keine Griffe, an denen man sie festhalten könnte.

Gedanken sind *Bewegungen*, sie haben ihr eigenes *Bewegungsmuster*. Sie sind (außer im Tiefschlaf) ein unaufhörlicher *Prozeß*. Elemente in einem Prozeß kann man aber nicht festhalten, man kann sie nur *verlangsamen* in ihrer Bewegung, und man kann diese Elemente *wiederholen*. Was bei einem Ding die *Festigkeit* ausmacht, das ist bei einem Gedanken dessen *Wiederholung*. Er bleibt nicht, aber er kann wiederkehren.

Denken ist situativ

Gedanken werden nicht nur von der Achtsamkeit *be-ach-tet*, sie stehen auch vielfältig zu den anderen Aspekten einer Situation in Beziehung. Ich meine damit nicht die

These, daß Gedanken »eigentlich« Prozesse in unserem Gehirn sind. Unser Gehirn selbst können wir nicht in *unserer eigenen* Situation wahrnehmen; auch dann nicht, wenn man durch entsprechende Sensoren elektrische Gehirnmuster auf einen Bildschirm überträgt. Sicher kann man durch Biofeedback-Geräte sein eigenes Gehirn beeinflussen. Gedanken hängen also offenkundig von »äußeren«, »materiellen« Faktoren ab. Das ist aber keine besonders neue Erkenntnis. Die Menschen wußten schon immer, daß Denkprozesse durch Bewegung, Wein, ein üppiges Essen, Musik usw. beeinflußt werden. Viele Traditionen und Rituale in Religion, Kultur und Politik sind ein Ausdruck dieser Einsicht.

Gedanken zeigen sich zwar in einer geheimnisvollen inneren Welt. Aber sie sind keineswegs *unabhängig* von anderen Aspekten unserer Erlebnissituation. Die Art dieses Einflusses ist aber nicht ganz einfach erkennbar. Während wir in der Achtsamkeit einen *direkten* Weg zu den Gedanken besitzen, sind Umwege über andere Aspekte unserer Situation zur Beeinflussung von Gedanken sehr viel weniger durchschaubar. Wein oder Kaffee mag das Denken beflügeln, beides kann aber auch genau den gegenteiligen Effekt haben und nur Kopfschmerzen verursachen. Stimmungen, vielleicht ausgelöst durch das Anhören einer CD, sind oft sehr stimulierend für unsere Überlegungen. Doch eine *einfache* Ursache-Wirkung-Beziehung kann man hier nicht feststellen. Was heute einen positiven Effekt hat, kann sich morgen als Hindernis herausstellen. Ein Musikstück mag für ein Liebespaar eine prickelnde Anregung darstellen, nach einer Trennung kann derselbe Musiktitel eine tiefe Trauer auslösen. Und wer bei Musik von Johann Sebastian Bach einmal einen glücklichen Einfall hatte, der wird diesen Vorgang kaum mechanisch wiederholen können.

Auch wenn sich nicht *genau* sagen läßt »wie«, so gilt doch: Denkprozesse sind von vielfältigen Einflüssen abhängig, von äußeren (wie Wein oder einem Medikament) ebenso wie von inneren (wie Stimmungen und Gefühlen). Allgemein gesagt: Das Denken vollzieht sich immer und notwendig in einer Situation, es ist nicht nur selbst eine Weise des menschlichen Daseins, das Denken steht auch in vielfältiger Beziehung zu den anderen Aspekten der kreativen Situation. *Denken ist situativ*. Deshalb sind *kreative* Denkprozesse nie von der *ganzen* Situation zu trennen.

Die Magie des Wörtchens »als«

Neben unserer Stimmung, unseren Gefühlen beeinflußt vor allem unsere sinnliche Wahrnehmung das Denken. Aber auch umgekehrt: Das Denken beeinflußt das Wahrnehmen, die Gefühle und Stimmungen. Diese *wechselseitigen* Prozesse vollziehen sich meist ohne unseren Willen, oft unbewußt und unbeachtet. Wir sehen etwas, interpretieren es unbewußt (»wir erkennen es *als* etwas«), und schon knüpft unser Denken ganz selbsttätig daran vielfältige Assoziationen, also andere Gedanken. Es ist so, als würde unser Gehirn für die Interpretation der Informationen, die wir durch die Sinne erhalten, unaufhörlich Karten, Interpretationshilfen anbieten. Mehr noch. Diese Interpretationen erfolgen nicht etwa nur *nachträglich*. Es gibt keine »jungfräuliche« Information von außen in unseren Sinnen, weil alles, was wir wahrnehmen, schon vom Gehirn interpretiert wird, schon in eine Denklandschaft (Karte) einbezogen wird.

Der Unterschied zwischen Karte und Landschaft, zwischen Denken und sinnlicher Wahrnehmung ist ein *Prozeß*. Wenn wir uns in der Wahrnehmung täuschen, wenn ein Bewegungsmuster nicht funktioniert, dann *korrigiert* unser Denken ohne bewußtes Zutun die Karte. Ein Beispiel: Wir sehen einen Bekannten – nennen wir ihn Peter – auf der anderen Straßenseite, wir überqueren die Fahrbahn, winken, rufen. Keine Reaktion. Dann bemerken wir, näher kommend, daß wir uns getäuscht haben; er sah Peter nur ähnlich und wundert sich nun über unser merkwürdiges Verhalten. Die *erste* Wahrnehmung war eine Täuschung. Aber in dieser Täuschung wurde nicht eine Karte mit der Landschaft, unsere Erinnerung an Peter mit diesem Menschen drüben auf der anderen Straßenseite verglichen. Vielmehr zeigte sich uns der Fremde *als* ein bekannter Freund, eben *als* Peter. Wir konnten nur in der Karte »Peter« wahrnehmen (vielleicht weil die Entfernung zu groß war). Der begleitende Denkprozeß (»das ist doch Peter!«) und die Wahrnehmung sind also nicht zu trennen.

Der *Unterschied* zwischen Karte und Landschaft ist ein *Prozeß*. Der Gedanke (»das ist doch Peter!«) wird *später* mit einer anderen Wahrnehmung (»ein Fremder«) verglichen und damit korrigiert. An einer Täuschung, an den vielfältigen kleinen Korrekturen der täglichen Weltbeschreibung bemerkt man, daß sich die Karte von der Landschaft unterscheidet. Dieser Unterschied ist also nicht *statisch*, die Karte liegt nie *neben* der Landschaft, das Verhältnis beider ist ein unaufhörlicher Prozeß. Die Landschaft zeigt sich zwar nur als Karte, diese aber wird ständig verändert und korrigiert. Man könnte sagen: Die Wirklichkeit der Landschaft (ihr *Wirken*) offenbart sich in der *Veränderung* der Karte, im Wandel der Wahrnehmungen.

Die Beziehung zwischen Denkprozeß und den vielfältigen Wahrnehmungen in unseren Alltagssituationen vollzieht sich mehr oder minder selbsttätig. Wir greifen hier sehr selten *bewußt* oder *achtsam* ein. Es handelt sich um Prozesse der Intelligenz I, die vielfach automatisch ablaufen. Die kurze Unsicherheit, ob eine Ampel schon auf Grün geschaltet hat oder sich nur das Sonnenlicht darin spiegelt, korrigiert sich ganz von selbst nach kurzem Hinsehen; ein Wort in der Tageszeitung, das uns fremd vorkommt, weil es getrennt wurde oder in Großbuchstaben erscheint, erfassen wir nach kurzer Zeit. All diese Interpretationen vollziehen wir selten achtsam; sie geschehen als weitgehend selbsttätiger, vielfach unbewußter Denkprozeß.

Die Wahrnehmung ist eine unaufhörliche Interpretation, in der etwas *als* etwas gedeutet wird. Und dieses kleine Wörtchen »als« weist darauf hin, daß wahrgenommene Sinnesdinge und der Denkprozeß eine untrennbare Einheit bilden. Wir können Dinge nur *als* etwas, mit einer bestimmten *Bedeutung* wahrnehmen. Sie werden uns nur *als* etwas bewußt. In diesem »als« steckt aber eine Offenheit, sichtbar an der Möglichkeit von Täuschungen (wie im Beispiel von eben: Es war nicht Peter auf der Straßenseite gegenüber). Im »als« steckt aber auch die Möglichkeit *kreativer Veränderung*.

Das Wörtchen »als« verbirgt eine geheimnisvolle Magie des Denkens, im Wechselspiel mit der gesamten Erfahrungssituation. Das Denken verbindet sich unablässig mit unseren Sinnen und interpretiert das, was die Sinne von außen liefern. Nur selten gelingt es, diesen unaufhörlichen Kommentar des Denkens wenigstens zu vermindern, und es sind ganz besondere Augenblicke, wenn in einer tiefen Erfahrung das Denken ganz zurücktritt und nur die Achtsamkeit das gewahrt, was sich zeigt. Der Religionsphilosoph Rudolf Otto sprach in solchen Fällen vom Erscheinen des »Numinosen«; es zeigt sich in großen Momenten in der Kunst, in der Spiritualität, in der Natur und in einer tiefen Sexualität.

Allerdings sind wir glücklicherweise nicht nur auf diese seltenen und kostbaren Augenblicke angewiesen. Zwar nehmen wir *gewöhnlich* alle Dinge bereits *als etwas* wahr – interpretieren sie also durch das Denken –, aber diese Magie des »als« besitzt eine offene Stelle. Wenn wir auf etwas *achten*, dann lösen wir das Wahrgenommene aus der gewohnheitsmäßigen Verklammerung mit unseren Gedanken. Wir unterbrechen die Bewegungsmuster der Intelligenz I. Wozu uns bei *Täuschungen* eine irrtümlich wahrgenommene Situation *zwingt,* das können wir *aktiv* durch die Achtsamkeit selbst herbeiführen und so *Ent-Täuschungen* kreativ vorbeugen: durch die Lockerung der gewohnheitsmäßigen Verbindung zwischen sinnlicher Wahrnehmung und Denken.

Jedes »als« eröffnet einen Spielraum. Zwar sind wir z.B. gewohnt, diesen Menschen »als« faul, jenen »als« fleißig zu bezeichnen; etwas Achtsamkeit wird aber ein viel differenzierteres Bild zutage fördern. Auch hier zeigt sich das Geheimnis der Achtsamkeit: Es genügt der Entschluß, etwas anders betrachten zu wollen, und schon verwandelt sich das Denken von einer automatisch wirkenden Kraft in ein bewegliches Instrument.

Etwas, was lange schon vor Augen lag, *als* etwas *anderes* zu sehen, das ist das Herzstück des kreativen Prozesses. In diesem Prozeß ist das Denken auf untrennbare Weise in die gesamte Situation und ihre Aspekte verwoben. Deshalb habe ich immer wieder betont, daß man Kreativität nicht auf das Denken beschränken kann. Wir ziehen uns im Denken nicht einfach in ein inneres Reich zurück; wir stehen in unseren Gedanken in einem unaufhörlichen Wechselspiel mit allen Aspekten unserer Erfahrungssituation. In der Sprache erscheint dieses Wechselspiel im Wörtchen »als«, und darin liegt auch der Punkt, an dem unsere Achtsamkeit ansetzen und gewohnte Muster verändern kann. Das »als« ist der archimedische Punkt für die Kreativität.

Das gilt für unsere eigenen Überlegungen, es trifft auch auf Gespräche und Diskussionen zu. Immer dann, wenn wir (wörtlich oder dem Sinn nach) das Wörtchen »als« verwenden, liegt darin keine *objektive Notwendigkeit,* sondern eine *gewohnte* Verknüpfung. Ob man jemand *als* Freund oder *als* Feind betrachtet, hängt nicht untrennbar mit dieser Person zusammen. Es wird *hinzugefügt,* es wird *interpretiert.* Wir tarnen das gerne durch Wörter wie »notwendig«

oder »man muß«; doch das sind Tricks des Egos, sein Territorium zu verteidigen. Wenn jemand sagt, daß man etwas *als dies oder das* betrachten *müsse,* dann erliegt er entweder selbst einem Irrtum, oder er will uns in eine – nämlich *seine* – Sichtweise hineindrängen. An jenen Stellen, an denen wir ein »als« dazudenken können, läßt sich etwas verändern. Hierin kann sich die Offenheit einer Situation und ihrer Beschreibung mit der Offenheit unserer Achtsamkeit verbinden und einen kreativen Tanz wagen.

Das »als« wird sehr oft auch versteckt. *Eigentlich* ist *jede* Verknüpfung von Subjekt und Prädikat in einem Satz, im Denken, in einem Dialog eine *Interpretation.* Sätze wie z. B.: »Unternehmen sind offene Systeme« – »Der Markt ist das einzige Kriterium des Erfolgs« – »Schizophrenie hat letztlich organische Ursachen« – »Wein in kleinen Mengen fördert die Gesundheit« usw. sind *immer* Glaubensüberzeugungen, hinter denen sich ein »als« verbirgt. Wenn man etwas auf spezifische Weise betrachtet, eine spezifische Karte verwendet, dann erscheinen die beobachteten Dinge immer *als* das, was in der Karte verzeichnet wird. Selbst eine *Tautologie* beruht situativ auf einer Täuschung. Bis man den Satz: »Ein Baum ist ein Baum« ausgesprochen hat, hat sich jeder *konkrete* Baum schon verändert. Bleibend ist nur der Wandel.

Wenn sich also in Situationen Probleme ergeben, wenn man sich in einer Sackgasse fühlt, dann beruht solch ein Zustand sehr häufig auf einer festgehaltenen Denkfigur. Weil man jemand *als* streitsüchtig, freundlich, vertrauenerweckend oder hinterlistig (je nachdem) interpretiert, erscheint uns sein Verhalten eben genau so. Wir bemühen uns, die beobachteten Dinge in ein Schema zu pressen. Dazu wird mitunter ein erheblicher kreativer Aufwand betrieben. Wie viele noch so absurde Argumente werden oft gesucht, damit man das Verhalten von jemand, den man eben so und nicht anders sehen will, genau dazu passend

125

sieht! Man ist nicht nur vor Verliebtheit blind, auch Abneigung und Zorn dienen dazu, aus einem »als« eine Art Naturgesetz zu machen.

Das Denken ist also jener Prozeß, in dem die verschiedenen Aspekte einer Situation durch eine Interpretation, durch ein »als« in eine *Bedeutung* verwandelt werden. Die Bedeutung von etwas ist das, was die Achtsamkeit durch die Farbe der Gedanken sieht. Das ist die große Magie der Gedanken. Sie schaffen nicht nur eine Scheinwelt in der Vorstellung, abgewandt von den Sinnen. Die Gedanken interpretieren auch unaufhörlich unsere Sinne selbst, lenken sie, geben ihnen Richtung und Einfärbung. Man kann diesen Filter des »als« nicht einfach entfernen. Aber man kann die Kraft der Achtsamkeit nutzen, diesen Filter beweglich und veränderbar zu machen. Auf diese Weise stellen wir die Verbindung zwischen uns und der Offenheit einer Situation her und lösen uns von der Macht der Gewohnheit.

Inhalte des Denkens

Bislang sprach ich ganz unspezifisch einfach von »Denken«. Das Denken ist tatsächlich ein inneres Reich. Es kann sich ganz aus einer Situation zurückziehen. Die Achtsamkeit versammelt sich dann völlig im Inneren, in der Erinnerung, in einer Phantasie, in einem Wunschtraum oder in einem faszinierenden Gedanken. Doch dieses innere Reich, die Innenwelt der Gedanken, zeigt die Spuren der sinnlichen Außenwelt, die Form der sinnlichen Wahrnehmung. Das Denken unterscheidet sich zwar von den anderen Aspekten einer Situation, nimmt aber die anderen situativen Aspekte in die innere Vorstellung mit.

Das Denken vollzieht sich nicht als grauer, formloser Nebel. Es ist bunt und vielfältig, hat eine eigene, sehr präzise dynamische Struktur. Die Aspekte dieser Struktur sind

formal mit unserer sinnlichen Wahrnehmung *identisch.*
Das Denken verdoppelt *innen* das, was wir in unseren Sinnen *äußerlich* wahrnehmen. Was heißt das? Das Denken erfolgt immer in einer vorgestellten sinnlichen Modalität; wir denken in Bildern, hören gedachte Klänge, sprechen innerlich mit uns oder anderen, wir fühlen und tasten etwas, man kann sich sogar innerlich Gerüche und einen Geschmack vergegenwärtigen. Im Denken verdoppeln wir die fünf Sinne zu einer Parallelwelt, einer Spiegelwelt. Während aber das, was sich in den Sinnen zeigt, von uns meist nur wenig beeinflußt werden kann, können wir die im Denken verdoppelten Bilder, Töne usw. *völlig verändern.* In der Wahrnehmung bezieht sich die Achtsamkeit auf etwas *anderes,* im Denken bewegt sie sich in ihrem eigenen Territorium. Deshalb können wir denkend neue Bilder erschaffen, kunstvoll neue Sätze formulieren, fremdartige, unerhörte Töne hören usw.

Allerdings kann niemand aus den Vorstellungsweisen der fünf Sinne ausbrechen. Sie sind die unauslöschlichen Spuren des situativen Daseins im Denken. Im Denken sind wir immer auf bestimmte Inhalte angewiesen. Wir können vielleicht beliebige Bilder im Geist entwerfen, aber es sind immer noch *Bilder.* Große Komponisten können ganze Sinfonien im Inneren »hören«, aber es bleiben *Töne.* Das Denken ist also nicht strukturlos; es besitzt die Gestalt der fünf Sinne, in einem anderen, *inneren Modus.* Diese Erkenntnis ist sehr wichtig. Nur selten verraten uns andere, *wie* sie denken. Einige Philosophen haben sogar aus ihren Gedanken einen dunklen Kult gemacht. Doch wie groß und gewaltig der Geist eines Philosophen, eines Wissenschaftlers, eines Künstlers auch immer sein mag: Auch diese Riesen des Geistes denken in Bildern, in Tönen, in Worten, in Gefühlen.

Denken ist ein sechster Sinn; aber es ist ein Sinn, der die fünf Sinne auf *andere* (nämlich innere) Weise wiederholt oder repräsentiert. Im NLP (dem neurolinguistischen Programmieren) spricht man deshalb auch von den fünf »Repräsentationssystemen«. Den Begründern des Neuro-Linguistischen Programmierens kommt das große Verdienst zu, das Denken entzaubert, ihm aber zugleich eine neue, eigene Würde zurückgegeben zu haben. Vor allem haben die Vertreter des NLP wiederentdeckt, daß Denkprozesse wie eine Verdopplung unserer fünf Sinne ablaufen. Bilder wechseln mit innerlich gesprochenen Sätzen, gehörten Tönen oder Gefühlen ab. Das Denken verläuft *analog* so, wie wir uns im Alltag mit und in unseren fünf Sinnen bewegen: als präziser Prozeß, als Bewegungsmuster, an dem visuelle, auditive, taktile und andere Sinnesmodalitäten abwechselnd als Vorstellung aktiviert werden.

Dieser Denkprozeß *ist* kein Computerprogramm, er kann aber *wie ein* Computerprogramm funktionieren. Das ist dann der Fall, wenn Denkprozesse zu einer Gewohnheit werden. Menschen, die in ihren Gedanken sich durch automatische Bewegungsmuster leiten lassen, funktionieren wie ein Computer. Allerdings *beschränkt* sich das menschliche Denken nicht auf diese Funktion der Intelligenz I. Wir können auch *wählen* (Intelligenz II) und durch *Achtsamkeit* Bewegungsmuster des Denkens verändern und neue erschaffen (Intelligenz III). Die Möglichkeit, Denkprozesse *unmittelbar* beeinflussen zu können, sowohl ihre Intensität, ihre Geschwindigkeit wie ihre Inhalte und Reihenfolge, dies *unterscheidet* Menschen grundlegend von einem Computer.

Ein Computer kann nicht sein Programm in Geschwindigkeit, Inhalt und Reihenfolge variieren, *während* es abläuft. Wir können das, ohne Schwierigkeit. Eine kleine Demonstration, besser eine Erinnerung an das, was jeder kann und weiß: Stellen Sie sich bitte ein einfaches Glas vor, aus dem wir gewöhnlich Wasser oder eine Limonade trinken. Nun bitte ich Sie, dieses Glas in Gedanken auf den Kopf zu drehen, mit der Öffnung nach unten. Stellen Sie sich bitte

128

vor, wie nun eine blaue Flüssigkeit von irgendwoher auf-
wärts in das Glas hineinfließt und wie es sich – auf dem
Kopf stehend – langsam füllt. Nun drehen Sie bitte dieses
Glas wieder herum und stellen es in Gedanken auf einen
Tisch.

Das war eine einfache Übung, nur um den Spaß am
Denken etwas aufzuwecken. Es ist sehr unwahrscheinlich,
daß Sie so etwas schon einmal *beobachtet* haben. Dennoch
konnten Sie ohne Schwierigkeit diese kleine Übung nachvollziehen. Was ist geschehen? Ich habe Ihre kreative Fähigkeit, mit Wörtern innere Bilder zu verknüpfen, einfach benutzt, um einen kleinen Film ablaufen zu lassen. Bei jedem
Krimi, den wir lesen, geschieht dasselbe. Offenbar entsteht
in unserem Geist, in unserem Denken aus der Verknüpfung
von Wörtern, Bildern und Gefühlen ein *Prozeß*, ein *Denkprozeß*. Dieser Denkprozeß kann gestaltet und verändert
werden. Man kann seine Geschwindigkeit ebenso steuern
wie seine Reihenfolge. Sie können z.B. das Einfüllen einer
blauen Flüssigkeit, wie einen Film, auch rückwärts laufen
lassen und somit eine ganz neue Bewegungsfolge erzeugen.
Wir müssen uns einfach *entschließen,* es zu *tun.* Die Achtsamkeit kann das ohne große Anstrengung.

Licht- und Schattenseiten des Denkens

Bevor wir uns dem kreativen Potential des Denkens weiter
zuwenden, müssen wir über dessen Schattenseiten sprechen. In dem Buch von René Descartes mit dem Titel »Ab-
handlung über die Methode« ist der Satz zu lesen: Philosophen zeichnen sich dadurch aus, daß »ihre Gedanken in ihrer Macht stehen«. Ich würde hier gerne die respektlose Bemerkung an den Rand schreiben: »Wenn er sich da nur
nicht täuscht.« Descartes zeichnet ein sehr idealisiertes Bild
von den Philosophen. Weder die Philosophen noch die ge-

wöhnlichen Menschen haben völlige Macht über ihre Gedanken. Das Denken fügt sich nicht der Herrschaft des Egos und seinen Wünschen. Viel häufiger als das »*Ich denke*« *(ego cogito)*, von dem Descartes ausgeht, gilt wohl der Satz »ich werde gedacht« oder »ich leide unter meinen Gedanken«.

Jeder kennt das und weiß das. Gedanken verlaufen sehr oft, wie *sie* wollen, nicht wie wir wollen. Entweder sind wir nicht fähig, uns zu konzentrieren, oder ein Gedanke geht uns einfach nicht aus dem Kopf. So sind sich die Philosophen auch nie ganz einig gewesen, ob »Vernunft« denn eigentlich heißt, den Gedanken zu *gehorchen*, oder aber sich die Gedanken *untertan* zu machen. Das Denken ist keineswegs so gefügig, wie das auf den ersten Blick scheinen mag. Es hat seine ganz eigene Kraft und Dynamik, eng verknüpft mit anderen situativen Momenten wie den Gefühlen oder einer äußeren Umgebung.

Der Grund für den Irrtum von Descartes liegt in der Verwechslung von Denken, Achtsamkeit und Ego. Für ihn sind diese drei Begriffe eins. Tatsächlich sind es aber drei völlig verschiedene Aspekte des situativen Denkprozesses. Das Denken folgt seiner eigenen Dynamik. Allerdings basiert diese Dynamik auf einer *Gewohnheit*. Wenn man sagt, daß die Logik das Gesetz des Denkens sei, dann übersieht man ganz einfach, was jeder aus dem Alltag kennt: Viele denken sehr häufig schlicht unlogisch, machen logische Fehler, grammatische oder Rechenfehler. Gegen die »Gesetze des Denkens« kann man ohne weiteres verstoßen. Vielleicht wird man dafür von anderen verlacht oder in der Gemeinschaft von Wissenschaftlern mißachtet, aber nichts und niemand kann jemand daran hindern, *unlogisch* zu denken. Das unterscheidet die Logik von Naturgesetzen.

Unsere Gewohnheiten können wir beeinflussen und ändern; auch die Gewohnheiten des Denkens. Gleichwohl sind gerade *Denkgewohnheiten* fast übermächtig. Zum einen gewöhnen wir uns an bestimmte Gedanken, wie wir uns an Kaffee, Alkohol oder an Zigaretten gewöhnen. Zum anderen gibt es viele Gedanken, die von einem ganzen Zeitalter geteilt werden; man begegnet diesen Vorstellungen überall, in jeder Zeitschrift, in der Wissenschaft, in den Medien. Die Köpfe der Menschen werden von bestimmten *kollektiven* Denkgewohnheiten beherrscht, die man »Paradigma« nennt. Daß es sich um *Gewohnheiten* handelt, erkennt man dann, wenn solch ein Paradigma durch ein neues ersetzt wird, wie das Weltbild des Ptolemäus, das von Kopernikus umgestoßen wurde.

Neben diesen *kollektiven* bilden wir eine Vielzahl von *persönlichen* Denkgewohnheiten. Es sind die Vorlieben, Bilder, in denen wir etwas begreifen, Argumentationsfiguren, die wir besonders gerne verwenden, und viele Glaubensüberzeugungen. Glaubensüberzeugungen haben meist nichts mit Religion zu tun. Wir haben uns einfach daran gewöhnt, dies *als* jenes, und das *als* ein anderes zu beschreiben. Vielfach sind es Vorurteile, aber auch festgehaltene Irrtümer, bei denen wir einfach nie gezwungen waren, sie aufzugeben – vielleicht deshalb, weil sie von unserer engeren Umgebung geteilt werden.

Der innere Dialog und die Zauberei

Aber wie *genau* machen wir das eigentlich, unsere Denkgewohnheiten aufrechtzuerhalten? Das geschieht vor allem durch den *inneren Dialog*. Platon hatte gemeint, daß Denken überhaupt nur »inneres Sprechen« sei. Das ist sicher nicht richtig; Bilder und Gefühle spielen eine sehr große Rolle im Denkprozeß. Richtig ist aber, daß der *innere Dialog* wenigstens für moderne Menschen die Hauptform des Denkprozesses geworden ist. Würde man das innere Geplapper der Patienten im Wartezimmer eines Arztes oder

der Zuhörer bei einem Vortrag aus den Köpfen auf Lautsprecher übertragen können, es ergäbe sich vermutlich dieselbe Geräuschkulisse wie auf dem Börsenparkett.

Der innere Dialog ist durch zwei Eigenschaften gekennzeichnet: Erstens verläuft er sehr rasch, oft völlig automatisch; wir haben kaum Macht über ihn. Nicht wir sprechen bewußt, es spricht in uns, endlos, ohne Pause. Zweitens dient der innere Dialog dazu, die innere und äußere Wahrnehmung, die innere und äußere Welt unaufhörlich in verschiedene Karten, in Muster, in gewohnte Gedanken einzuordnen. »Dies gefällt mir« – »das erinnert mich an jenes« – »ich sollte jetzt aber endlich diese Besorgung machen« usw. Kaum taucht etwas vor unseren Augen auf, schon kommentieren wir es innerlich.

Nachteilig daran ist: Der innere Dialog setzt sich besonders bemerkbar fort, wenn wir eigentlich zur Ruhe kommen wollen. Weit entfernt davon, daß die »Gedanken in unserer Macht stehen«, tun sie vielmehr mit uns, was sie wollen. Es genügt, sich untertags mit jemand etwas heftig über eine Sache auseinanderzusetzen, und schon verbringen wir den Rest des Abends, die halbe Nacht, womöglich die nächsten Tage damit, das Streitgespräch innerlich fortzuführen und in allen nur erdenklichen Varianten auszuprobieren – begleitet immer von entsprechenden Gefühlen der Enttäuschung, der Hoffnung, des Zorns, der heimlichen Erwartung usw. Wenn der schottische Aufklärungsphilosoph David Hume sagte: »die Seele hat Macht über *alle* ihre Vorstellungen«, so muß er wohl die große Ausnahme gewesen sein, dessen Seele offenbar nie unter der endlosen Wiederkehr des inneren Dialogs gelitten hat.

Der innere Dialog ist nicht nur eine Last, eine beständige Begleitmusik des Alltags, er dient auch dazu, die Welt zu interpretieren und auszulegen. Im inneren Dialog beschreiben wir permanent das, was wir wahrnehmen. Doch damit nicht genug, wir kommentieren anschließend unseren Kommentar, knüpfen weitere Gedanken daran – und unversehens sind wir ganz woanders als in der gegenwärtigen Situation. Die Achtsamkeit kann völlig vom inneren Dialog gefesselt werden und in ein Reich seltsam unfreier Bilder und Gefühle wandern.

Gewiß, der innere Dialog hat eine wichtige und nützliche Funktion. Ohne ihn wären wir nicht in der Lage, Pläne zu machen, Alternativen zu durchdenken, Beschreibungen für eine Situation und damit eine Handlungsanleitung zu finden. Doch dieser Prozeß beginnt sich im Alltag immer wieder von seiner nützlichen Funktion in eine bloße Last zu verwandeln. Es ist sicher klug, nach einem Streitgespräch die Argumente nochmals zu durchdenken und gegebenenfalls einfach jemand anzurufen, um sich für eine zu heftige Äußerung zu entschuldigen oder um weitere Aufklärung zu bitten. Doch viel häufiger noch mündet der innere Dialog nicht in konkretes Handeln, er verläuft im Sande – nachdem er uns für Stunden oder gar Tage gequält hat.

Wenn wir auf das, was sich einer konzentrierten Achtsamkeit zeigt, ohne Vorurteile blicken wollen, wenn wir die *Offenheit* einer Situation und damit ihr kreatives Potential erkunden möchten, dann ist es unabdingbar, den inneren Dialog zu beenden, wenigstens aber ihn *bewußt*zumachen und so in ruhigere, in andere Bahnen zu lenken.

Der toltekische Zauberer Don Juan, von dem Carlos Castaneda in seinen faszinierenden Büchern berichtet, sagt: »Unsere Vorstellung, unsere Ansicht von der Welt zu ändern, das ist der springende Punkt bei der Zauberei. Und das Anhalten des inneren Dialogs ist die einzige Möglichkeit, dies zu erreichen. Der Rest ist nur Beiwerk.« Um unsere *gewohnten* Vorstellungen von der Welt kreativ zu ändern, ist ein Anhalten, wenigstens aber ein Achten auf und damit ein Verändern des inneren Dialogs unerläßlich. Man kann tatsächlich den inneren Dialog zeitweise auch *ganz* ausschalten. Das erfordert einige Übung, aber es gelingt – man muß es sich einfach vornehmen. Der erste Schritt dazu ist es, überhaupt zu bemerken, *daß man* unaufhörlich mit sich selber plappert und zwischen die Achtsamkeit und die Sinnesgegenstände oder Gefühle einen unaufhörlichen Nebel, einen Dauerkommentar schiebt, der jeden klaren Blick verhindert.

Zauberei ist nur ein anderes Wort für Kreativität, denn im Reich der Bedeutung gibt es Wunder und Zauberei. Und in diesem Reich der Bedeutungen regiert die Achtsamkeit – allerdings nur dann, wenn wir das auch zulassen. Wenn wir tatsächlich zaubern wollen, dann müssen wir unsere Wahrnehmung von den Gewohnheiten des Denkens schrittweise loslösen und einen direkten, achtsamen Zugang zu den Phänomenen suchen. Wem der *direkte* Weg zu beschwerlich ist – den inneren Dialog anzuhalten bedarf tatsächlich einiger Übung –, der kann einen indirekten Weg wählen, der auch ans Ziel führt. Für diesen Zauber benötigen wir den Zauberstab der Achtsamkeit. Wenn man auf seinen inneren Dialog immer wieder achtet, sich das einfach für jeden Tag vornimmt, dann verliert er nach und nach seine Automatik, seine behexende Kraft.

Ich kann hierzu einige »Tricks« verraten. Der *Universalschlüssel* heißt auch hier: Aufwecken der Achtsamkeit durch sich selber. Man muß sich einfach mehrfach am Tag daran erinnern, daß man auf den inneren Dialog, aber auch auf andere Denkprozesse *achtet*. Nichts daran ändern, einfach darauf achten und zusehen, wie sie ablaufen, wie sich Wörter, Bilder und Gefühle abwechseln. Der erste Effekt dieser Achtsamkeit ist die Möglichkeit, gewohnte Denkprozesse *verlangsamen* zu können. Wenn man etwas verlangsamt, werden die einzelnen Elemente deutlicher. Verlangsamt man eine Gedankenfolge stärker, so bricht die Gewohnheit in sich zusammen. Viele der unguten Gefühle, die wir uns durch das innere Geplapper selbst machen, gewinnen ihre Macht nur dadurch, daß weite Teile des Denkprozesses – z.B. innere Bilder, erinnerte Situationen – unbewußt bleiben oder nur ganz kurz im Denkprozeß auftauchen.

Wir müssen uns immer wieder daran erinnern: Denkprozesse bewegen sich in einem eigenen Reich, im Territorium, in dem die Achtsamkeit *eigentlich* die Macht hat, alles zu verändern. *Insofern* hatten Descartes und Hume (in beiden Zitaten oben) durchaus recht. Wenn wir von dieser Möglichkeit keinen Gebrauch machen, dann ist das eine Folge der *Unachtsamkeit,* des Nicht-Beachtens unserer eigenen Gedanken. Darin liegt die Macht der Gewohnheit. Gewohnheiten – vor allem des Denkens – sind nur mächtig, weil wir sie nicht beachten. Der Scheinwerfer der Achtsamkeit erhellt nicht nur Gedanken, hebt sie ins Bewußtsein, er *verändert* sie auch, verändert ihre Verkopplungen und ihre Stimmung.

Zwei Methoden sind hier sehr hilfreich. Der innere Dialog und innere Bilder können in mehrfacher Hinsicht verändert werden. Zum Beispiel kann man, wenn man sich zu sehr in inneres Geplapper verstrickt, einfach die *Stimmen* ändern, mit denen man zu sich selber spricht. Ein böser Satz, eine dumme Bemerkung klingt ganz anders, wenn wir sie einem Komiker, einem lustigen Freund oder einem bekannten Schauspieler in den Mund legen. Auch kann man den inneren Dialog beschleunigen oder verlangsamen, man kann sich vorstellen, daß er von Musik begleitet wird, oder man denkt sich die Stimme als aus dem Radio kommend – und schaltet einfach das Gerät aus.

Ähnlich kann man mit Bildern verfahren. Wenn erinnerte oder ängstlich vorgestellte Situationen, begleitet von den entsprechenden Kommentaren, zu einer Bedrängnis werden, dann ist es sehr hilfreich, zwei Dinge zu tun: Erstens muß man – wir haben das schon einmal geübt – zunächst die Situation von *außen* betrachten, sich selbst also in der Situation von *außen* sehen. Dann kann man sich vorstellen, diese Situation sei auf dem Fernsehbildschirm zu sehen. Nun ist es nicht mehr schwer, allerlei Änderungen vorzunehmen. Man kann das Bild heller und dunkler machen – achten Sie darauf, wie sich allein dadurch Ihr Gefühl ändert. Man kann Musik darunterlegen oder auch einige Bewegungen rückwärts laufen lassen. Der Phantasie sind hier keine Grenzen gesetzt. Auch hier gilt die einfache Regel der Achtsamkeit: Man muß es tun, und schon kann man es. Vielleicht braucht man hierzu keinen Mut, wohl aber ist die Trägheit, die allen Gewohnheiten eignet, zu überwinden.

Es gibt noch eine dritte, sehr alte und eigentlich ganz einfache Methode. Sie wird im Buddhismus praktiziert und wurde von Buddha selber bereits angewandt und weitergegeben. Er empfiehlt, Gedanken, die in uns schlechte Gefühle, Gewissensbisse usw. auslösen, erstens überhaupt zu beachten, sie zweitens aber – ganz bewußt – durch andere, die Gefühle beruhigende Gedanken zu ersetzen. Auch wenn sich in uns einiges dagegen sträuben mag, so helfen langfristig am besten Gedanken des Wohlwollens mit anderen. Wenn man sich bei inneren Gemeinheiten und Beschimpfungen ertappt, dann braucht man keine Gewissensbisse zu haben – es waren nur Gedanken. Daß es allerdings *schlechte* Gedanken waren, erkennt man an den *Gefühlen*, die sie auslösen. Gedanken des Wohlwollens, des Mitgefühls tun das nicht. Was also außer einer Gewohnheit hindert uns daran, unsere Gefühle positiv zu beeinflussen?

Im Denken können wir zaubern. Auch im Reich der Gefühle sind wir im Reich der Magie. Diese Zauberei hat aber unmittelbare Auswirkungen auf die Wahrnehmung. Denn alles, was wir wahrnehmen, geht durch die Farbe der Gedanken und Stimmungen. Während wir Stimmungen und Gefühle oft nicht unmittelbar beeinflussen können, lassen sich Gedanken sehr viel leichter verändern. Das *Ausschalten des inneren Dialogs,* nicht auf Dauer, wohl aber für einige Minuten oder etwas länger, ist jedoch die wirksamste Methode. Hierbei wird die Achtsamkeit hell und stark. Auch ändern sich meist sehr rasch begleitende Emotionen. Es ist wie ein Jungbrunnen für unser situatives Erleben.

Darin liegt auch die tiefe Wirkung der *Meditation.* Beim Meditieren geht es darum, den inneren Dialog, die vor die Achtsamkeit geschobenen Worte und Bilder abzuschwächen und schließlich auszuschalten – einfach dadurch, daß man darauf achtet. Die spezifische »Technik«, die man dabei verwendet, ist eigentlich zweitrangig. Man kann beim Geschirrspülen ebenso meditieren wie beim Autofahren, wenn man darunter als ersten Schritt das Anhalten des inneren Dialogs versteht. Wichtig ist es nur, hier nicht ungeduldig zu sein. Die Achtsamkeit *haben wir schon,* sie braucht nicht erlangt zu werden wie eine göttliche Gnadengabe. Sie macht sogar unser innerstes Wesen aus. Nach und nach kommt der flackernde Modus zur Ruhe; die Achtsamkeit wird weit, offen und eins mit dem Raum. Schon eine nur kurzzeitige Beruhigung hat eine große Kraft – sie versammelt gleichsam kreative Energie für eine Verwandlung unseres ganzen Erlebens.

Das Anhalten des inneren Dialogs ist so etwas wie eine fundamentale Fähigkeit, die wir langsam erwerben können, um unsere eigene Kreativität und ihren Kern zu entdecken. Die *Veränderungen* des inneren Dialogs, der Gedanken kann man als Zwischenschritt auf dem Weg zur inneren Stille bei der Rückkehr zum Alltagsgeschäft auffassen. Die innere Einkehr ist so etwas wie ein Kräftesammeln; man kann es für wenige Minuten oder auch in längeren Pausen praktizieren. Wenn wir aus dem inneren Kern der Achtsamkeit wieder zu unseren Gedanken, den Aufgaben und Problemen des Alltags zurückkehren, dann ergreifen wir die Gedanken gleichsam vom anderen Ende her: nicht als vergessene, unbewußte Denkroutine, als Gewohnheit des Wahrnehmens und Interpretierens, sondern mit hoher Achtsamkeit auf die Struktur der Gedanken.

Denkmodelle

Gedanken sind untrennbar vom Handeln. Letztlich ist das Denken die innere Simulation von Handlungen: Bewegungen des Körpers oder die Planung von Gesprächen. Man übt innerlich, nimmt sich vor, was man später sagen oder tun möchte. Die *Sprache* hat eine seltsame Doppelnatur. Sie dient der sozialen Verständigung, der Koordination unserer Handlungen, zugleich ist sie das wichtigste Element des inneren Dialogs, der Denkprozesse. Menschen handeln, sie verhalten sich nicht einfach unbewußt. Das heißt: Wir begleiten unsere Handlungen durch Pläne und laufende, bewußte Korrekturen. Und das Hauptinstrument hierzu ist die Sprache. So spiegelt die Sprache in ihrer Struktur, in ihren verschiedenen Formen und Denkfolgen die Bewegungsmuster des Handelns.

Handlungen haben jeweils ein *eigenes* Bewegungsmuster, ein *Programm* (Handlungsprogramm). Der *Ort* eines Handlungsprogramms ist aber das Denken. Programme sind nicht immer klar bewußte Ziele. Viele Handlungspläne oder -programme sind uns tatsächlich bewußt, wie ein Einkaufszettel, Noten für ein Musikstück oder eine Gebrauchsanweisung für den Video-Recorder. Anderes aber erlernen wir fast unbewußt durch Nachahmung, oder wir vergessen es wieder (Intelligenz I). Solche Handlungsprogramme sind zu Gewohnheiten geworden. Wenn wir *innerlich* eine Handlung, ein Handlungsprogramm nachvollziehen und dies gewohnheitsmäßig geschieht, dann wird daraus auch ein *Denkmodell*. Das Denken ist vom Handeln nicht zu trennen. Ein Denkmodell ist ein innerlich wiederholtes, manchmal durch die Sprache etwas abstrakter formuliertes Bewegungsmuster für eine Handlung.

Denkmodelle spielen eine seltsame Doppelrolle: Sie können uns helfen, neue Dinge in veränderten Situationen zu entdecken, sie können dies aber auch genau verhindern. Denkmodelle färben die Achtsamkeit ein. Wie ein Spotlight, das auf eine Szene gerichtet ist, tauchen sie eine Situation in ein bestimmtes Licht – zugleich blenden sie aber dadurch andere Aspekte völlig aus. Zur Förderung der Kreativität ist deshalb ein achtsamer Umgang mit Denkmodellen eine wichtige Hilfe. Man kann ihre erhellende Funktion nutzen, wenn man ihre verdunkelnde Rolle erkennt.

Was sind nun aber Denkmodelle *genau?* Die meisten Denkmodelle sind in der Sprache zu Hause. Ein heute sehr populäres Denkmodell stammt aus der Informationstechnologie. Ich meine die Unterscheidung zwischen *Software* und *Hardware*. Hardware ist das technische Gerät mit seinen fixierten Funktionen und Möglichkeiten, Software ist das Programm, das auf diesem Gerät abläuft. Diese Unterscheidung zwischen Software und Hardware ist ein sehr hilfreiches Denkmodell. Es ist kein Zufall, daß man es auf viele andere Bereiche übertragen hat. So kann man z.B. eine Unternehmung in ihren Gebäuden, Maschinen und den Mitarbeitern als »Hardware« betrachten, während man das Wissen der Mitarbeiter, die Zielsetzung der Unternehmensführung usw. als »Software« begreift.

Dieses Beispiel zeigt sehr schön eine wichtige Funktion von Denkmodellen. Denkmodelle *haben* eine Bedeutung in einer bestimmten Situation, aus der sie als Handlungsmuster abstrahiert wurden (hier die Programmierung von Computern); Denkmodelle *erschaffen* aber auch Bedeutung in neuen, anderen Situationen. Durch das Denkmodell Software-Hardware können wir in *anderen* Situationen einen dort vielleicht neuartigen Unterschied entdecken. Wenigstens gelingt es, etwas prägnant zu formulieren oder zu betrachten. Es ist dann meist nicht schwer, das übertragene Denkmodell durch neue Aspekte zu erweitern. (So unterscheiden manche neben der Soft- und Hardware eines Unternehmens noch die »Wetware«, das, was in den Gehirnen der Mitarbeiter steckt.)

Wenn man ein Denkmodell aus einer Situation, in der es Bedeutung *hat,* auf eine andere, neuartige Situation überträgt, dann kann man dort Bedeutung *erschaffen.* Das ist eine sehr wichtige Funktion des kreativen Denkens. Auch hier zeigt sich die Magie des Wörtchens »als«. Wenn man das Denkmodell als eine Karte benutzt, dann kann man in einer neuen Landschaft neue Strukturen entdecken, die dieser Karte entsprechen, in dieser neuen Landschaft aber eine völlig andere Bedeutung gewinnen.

Solche Übertragungen haben in der Geschichte des Denkens sehr häufig stattgefunden. So tauschte Leibniz mit einem Missionar in China Briefe aus. Sein Briefpartner berichtete ihm von dem Orakel »I Ching«, das in sechs Linien dargestellt wird, die durchgehend oder unterbrochen sein können. Für Leibniz war das der Anlaß für eine mathematische Spielerei. Er dachte sich ein Zahlensystem aus, das nur zwei Werte kennt. Diese binäre Rechnungsweise schlummerte über zwei Jahrhunderte ohne Resonanz in Leibniz-Papieren, erlebte dann aber als Basis der modernen Datenverarbeitung eine völlig unerwartete Wiederauferstehung. Ein Denkmodell (die Struktur des »I Ching«) wurde in andere Situationen übertragen (die Denkwelt der Arithmetik) und konnte wieder in einer neuen Situation ganz neue Bedeutungen erschaffen (Computer).

Jeder kann daraus Kreativitätstechniken entwickeln, indem man in einer Situation, in der man ein Problem lösen möchte, verschiedene Denkmodelle aus anderen Situationen spielerisch erprobt. Das geschieht ganz einfach dadurch, daß man die Problemsituation zunächst neu beschreibt, in der Sprache eines Denkmodells. Wir tun das *immer* – wie sich schon zeigte. Es gibt keine Wahrnehmung einer Situation ohne »als«, ohne Karte, ohne Gedanken. Allerdings folgen wir meist der Gewohnheit. Macht man sich dies bewußt, so kann man Denkmodelle verändern und austauschen. Und selbst ihre langsamere, bewußte Anwendung fördert neue Aspekte zutage.

Oft ist es schon hilfreich, eine Situation einfach aus einer ganz anderen Warte, in einer neuen Metapher zu beschreiben – vor allem dann, wenn man sich in eine Sackgasse verrannt hat, aber nicht weiß, in welche. Man kann z. B. eine Gruppe von Menschen *als* einen Ameisenhaufen betrachten, oder *als* eine Mannschaft auf einem Boot, oder *als* einen Wald aus einzelnen Bäumen – der Phantasie sind hier keine Grenzen gesetzt. Viele unserer alltäglich oder in der Wissenschaft verwendeten Bilder und Metaphern tun das ohnehin: »Wir sitzen alle in einem Boot« – »die Familie ist ein Interaktionssystem« – »Pflanzen tauschen Informationen aus« – »Gene sind die Software der Lebewesen« usw. *Jedes* Wort, jeder Begriff ist eigentlich ein Denkmodell.

Wichtig ist aber folgendes: Denkmodelle haben, unabhängig von ihrer situativen Anwendung, ihre *eigene, innere* Logik und Struktur. Es ist für die kreative Nutzung von Denkmodellen unabdingbar, diese innere Logik und Struktur zu kennen. Ich hatte gesagt, Denkmodelle sind wie ein Spotlight, sie werfen Licht auf eine Szene, aber sie tauchen sie auch in eine bestimmte Farbe und verhindern dadurch ebenfalls, daß wir andere Dinge sehen. Wenn man eine Gruppe Menschen *als* eine Bootsbesatzung betrachtet, dann gibt es dort eben immer einen »Steuermann«, einen »Kapitän«, die »Mannschaft«, den »Lotsen an Bord« usw. Diese Rollen lenken auch unbewußt unser Denken, wenn wir dieses Denkmodell auf eine Menschengruppe – z. B. einen ganzen Staat – anwenden. In solch einer Anwendung, in solch einem »als« der Betrachtung liegt notwendig und immer auch eine Täuschung. Der Kapitän auf einem Schiff kann nicht von den Passagieren abgewählt werden, der Kapitän einer Regierung sehr wohl.

Denkmodelle heben etwas ans Licht, verdunkeln dafür anderes. Deshalb ist es wichtig, sich von Bildern und Metaphern *dadurch* zu lösen, daß man sie öfter austauscht. Kein Unternehmen »ist« ein kybernetisches System oder Netzwerk, oder ein gesteuertes Schiff auf Kurs – es ist immer auch noch etwas anderes. Und kein Mensch ist *nur* ein Zwitterwesen aus Geist und Körper, ein biologischer Organismus, ein psychisches System oder Träger einer Hautfarbe, eines Geschlechts. Was sich durch Denkmodelle zeigt, ist immer nur ein »auch«. Die Dinge sind das, was die Denkmodelle zeigen, nur *auch*. Es kann den Fall geben, daß die Anwendung eines Denkmodells *völlig* scheitert. Man kann wohl kaum einen Menschen »als« Schraubenzieher betrachten, als »Werkzeug« durchaus in manchen Situationen. Meist zeigt sich auch in sehr entlegenen Denkmodellen ein *wirklicher* Aspekt, der sonst nicht zutage treten würde. Gewiß sind Männer keine Frauen; aber es ist dennoch sinnvoll, von weiblichen Aspekten beim männlichen Geschlecht zu sprechen – und umgekehrt.

In unserer Sprache spielt hier das Wort »ist« eine verhängnisvolle Rolle. Auf der einen Seite drückt es aus, daß ein Aspekt einer Situation tatsächlich durch ein bestimmtes Denkmodell beschrieben werden kann, andererseits legt es die Neigung nahe, dies *nur* noch in diesem Denkmodell zu tun. Das »ist« sagt eigentlich nur: Diese Beschreibung ist *auch* möglich. Denkmodelle, gerade wenn sie sehr gut funktionieren, sollte man immer wieder hinterfragen, gelegentlich durch andere austauschen. Situationen ändern sich unaufhörlich, und die Erosion in der Funktion eines Denkmodells vollzieht sich oft schleichend. Erst zeigen sich gewisse Reibungen, dann sind wir plötzlich genötigt, unsere Situation völlig neu zu beschreiben, neu wahrzunehmen. (Das Übergewicht kommt langsam, der Herzinfarkt plötzlich.) Durch die Kraft der Achtsamkeit kann man das vorwegnehmen, durch spielerischen Austausch von Denkmodellen.

Eine hilfreiche Methode, um die Verdunkelungen des Wortes »ist« aufzuhellen, liegt in der Frage: *Stimmt das eigentlich?* Das Wörtchen »ist« sagt z.B., ein Mensch »ist« ein kybernetisches System, eine psycho-somatische Einheit, ein Geistwesen, ein von Emotionen gesteuertes Wesen usw. – all dies sind Denkmodelle, die als scheinbar unveränderbare *Seinsaussagen* daherkommen durch das Wort »ist«. Tatsächlich müßte man immer hinzufügen: Wir legen es nur so aus, *als* sei es dies oder jenes. Ohne Auslegung kein »Sein«. Wenn eine Auslegung allerdings *funktioniert,* dann kann daraus sehr leicht eine *Glaubensüberzeugung* werden. Wenn jemand in einer Beziehung sagt: »Du willst es doch gar nicht anders« und der andere das ohne Widerspruch zu akzeptieren scheint, dann wird daraus sehr rasch eine Glaubensüberzeugung, eine *Gewohnheit.* Daß es sich hier nicht um ein bleibendes Sein handelt, sondern um eine Interpretation, zeigt sich dann vielleicht sehr bald bei der ersten Ohrfeige.

Vor allem bei der Anwendung von Denkmodellen auf *Menschen* wird aus einem »als« sehr rasch ein »der *ist* eben so«. Gerade wir Menschen fügen uns aber nie vollständig einem Denkmodell. Aus zwei Gründen. Erstens wandeln wir uns mit unseren Situationen, und dies setzt oft Denkmodelle außer Kraft; zweitens sind Denkmodelle auch Gegenstand unserer Kommunikation. Wenn ich jemandem sage: »Du bist so oder anders«, dann hat der Gesprächspartner immer die Wahl, diese Beschreibung für sich anzunehmen oder – auf sie achtend – zu verändern. Deshalb funktionieren Prognosen für menschliches Verhalten nur dann, wenn das Verhalten überwiegend von Gewohnheiten durchsetzt ist. Wir Menschen sind eben *freie* Wesen, wir haben die Wahl – wenn wir es nicht vergessen.

Denkmodelle sind eigentlich Handlungsprogramme, Bewegungsmuster unserer Aktivitäten in einem inneren, denkenden Modus. Sie sagen, wie etwas zu tun, wahrzunehmen, zu denken ist, nicht wie es *ist*. Nur dann, wenn wir uns eine Beschreibung durch ein Denkmodell *zu eigen* machen, funktionieren wir nach *dessen* Logik. Wir werden dadurch *berechenbar* in unserem Verhalten. Ich sagte schon: Das ist für ethisches Verhalten, für das Zusammenleben in Gemeinschaften gut und notwendig. Man muß sich auf jemand *verlassen* können – und das heißt, man muß erwarten können, daß er das tut, was wir in unserem Denkmodell beschreiben.

Doch wir gewöhnen uns an Denkmodelle auch in den Fällen, in denen das überhaupt nicht notwendig ist. Dann entsteht aus einer Gewöhnung ein Kreativitätshemmnis. Der Zauberstab der Achtsamkeit kann das allerdings ändern. Man braucht sich nur klarzumachen, wie man denkt, in welchen Beschreibungen und Denkmodellen man denkt. Techniker neigen dazu, viele Dinge in klar abgegrenzten, objektiven Funktionen zu betrachten, während Menschen, die im sozialen Bereich tätig sind, eher Emotionen und Dialoge suchen. Hier kann das Modell der kreativen Situation sehr hilfreich sein. Es dient dazu, zu überprüfen, welche Aspekte einer Situation in einem Denkmodell erfaßt, welche ausgeklammert sind. Wenn man einen Menschen als psycho-somatisches Wesen beschreibt, dann klammert man Stimmungen als Phänomen von Gruppen ebenso aus wie die Wechselwirkung zwischen Wahrnehmung und Denken. Das Denkmodell »leib-seelisches Wesen« lenkt unsere Achtsamkeit auf die Wechselwirkung zwischen seelischen und körperlichen Prozessen, aber es klammert soziale Einbettungen von Krankheiten, die Abhängigkeit der seelischen Prozesse von den Medien oder von bestimmten Denkformen aus. Das ist keine *negative Kritik* an der Psychosomatik; es zeigt nur einfach die Schranken des Denkmodells auf. Man muß wissen und darauf achten, was ein Denkmodell kann, aber ebenso, was es ausklammert.

Die Kunst des Fragens

Nun ist es einfach zu sagen: »Verändere deine Denkmodelle!«, »Achte auf deine Denkmodelle!« Tatsächlich funktioniert diese einfache Aufforderung auch, denn der bloße Entschluß, es zu tun, weckt die Achtsamkeit bereits auf, macht neugierig und öffnet damit die Bereitschaft zu kreativen Veränderungen. Dennoch finden wir sehr häufig keinen rechten Zugang zu einem Problem. Wir bemerken zwar, daß wir nicht weiterkommen, bleiben aber in einer *Fragestellung* hängen.

Probleme sind immer auch *Fragen*. Wie Denkmodelle haben auch Fragen eine Doppelfunktion: Sie richten unsere Achtsamkeit auf etwas aus. Darin liegt eine Eröffnung des Blicks, zugleich aber seine Einschränkung. Viele Rätsel der Menschheit wurden erst dann gelöst, als man die *Fragen* verändert hat. Und der erste und wichtigste Schritt hierbei ist es, auf das zu schauen, was sich in der Wahrnehmung, im Denken *zeigt*, nicht was wir (in einem Denkmodell) dahinter vermuten oder erwarten.

In der *Kunst des Fragens* können wir als ersten Schritt Dharmakirtis Trick verwenden, den wir aus dem ersten Kapitel kennen. Dharmakirti liefert hier nicht nur eine Methode der Definition, er formuliert damit zugleich eine Technik des Fragens. Wenn man ein Problem in einer Situation hat, ist es vor allem wichtig, zunächst aus den abstrakten Sackgassen der Denkmodelle und Glaubensüberzeugungen herauszukommen. Der beste Weg ist die direkte Beobachtung eines *Beispiels*. Ich illustriere das an einer jungen Frau, die sich von ihrem Freund zurückgewiesen sieht. In endlosen inneren Dialogen stellt sie sich viele Fragen,

145

etwa »warum liebt er mich nicht mehr«, und die Antwort ist dann schnell gefunden: »weil ich ihm gleichgültig geworden bin«. Die traurigen Gefühle folgen rasch und geben dem inneren Dialog die Energie, in Depression zu versinken. (Wir sprechen hier von Verliebtheit, nicht von Logik!)

Hier ist es sehr hilfreich, sich zu fragen: Woran *genau* erkenne ich, daß er mich nicht mehr liebt? Antwort: »Wir sehen uns nie.« Frage: »Wirklich *nie?*« Antwort: »Doch, schon manchmal, z.B. letzte Woche.« Die *genaue* Frage hebt ans Licht, welche Annahmen in unseren Dialogen *unbewußt* bleiben. Auch bei den scheinbaren Antworten wie der, daß man jemand »gleichgültig« geworden sei. Frage: »Woran *genau* sieht man das?« Antwort: »Weil er nicht angerufen hat.« Für *diese* konkrete Frage gibt es meist schon einen konkreten Problemlösungsvorschlag: Ruf doch du an. Es ist also sehr hilfreich, das Wort »genau« bei einer Frage hinzuzufügen: »Er kränkt mich.« Wie *genau* macht er das? – »Sie hält mich für dumm.« Woran genau siehst du das? »Sie haben nie Zeit für mich?« Wann genau hatte ich keine Zeit für Sie? usw. Diese Frage fordert unser Gehirn gewissermaßen auf, aus einer abstrakten Frage auszusteigen und nach konkreten Inhalten zu suchen. Dann sieht meist alles ganz anders aus.

Falls die Beobachtung einiger konkreter Beispiele für ein Problem keine Lösung bringt, dann ist es wichtig, die *Begriffe* der Beschreibung einzugrenzen. Hier kann man mit Dharmakirtis Trick so verfahren, daß man sich die Frage stellt: Was ist dies oder das *nicht?* Wenn man einen Mitarbeiter in einer Arbeitsgruppe durch den Begriff »unzuverlässig« charakterisiert, dann ist es nicht nur hilfreich zu fragen: Woran *genau* erkennst du das? – Man kann auch fragen: Wann paßt diese abträgliche Charakterisierung nicht? Dann wird man vielleicht sagen: »Er ist eigentlich sehr genau in seiner Arbeit, wenn er sie einmal ausführt«, oder »Er ist sehr freundlich und höflich«, »Er kann andere motivieren, hat viele neue Ideen« usw. So sammelt man durch die Negation um Begriffe herum vielfältige Beziehungen und Eigenschaften, die bestimmte Fragen lösen können.

Wenn man nach dem sucht, was etwas *nicht* ist, dann deckt man sehr häufig heimliche, verborgene Annahmen und Glaubensüberzeugungen auf, die sich in Denkmodellen verbergen, an die man sich gewöhnt hat. Die Physiker hatten sich zum Beispiel Anfang des 20. Jahrhunderts ein Modell des Atoms zurechtgelegt, in dem um einen Kern Elektronen, kleine elektrisch geladene Kügelchen, kreisen sollten. Dieses Modell konnte einige Dinge erklären, bei anderen tauchten aber erhebliche Probleme auf. Von Werner Heisenberg, dem wohl wichtigsten Vertreter der Quantenphysik, wird berichtet, daß er sich eines Tages zurückgezogen habe und sich nur die Frage stellte: Was weiß ich eigentlich *genau* über das Atom? Er suchte einen Ausgangspunkt, auf den er sich verlassen konnte. Von dort aus kann man dann fragen, was wir alles tatsächlich gar nicht beobachten, sondern nur durch ein Denkmodell in die physikalische Welt *hineinlegen*. Wenn er nur bei den Gleichungen blieb, dann zeigte sich gerade *nicht,* daß Elektronen kleine Kügelchen sind, die den Atomkern umkreisen. So gelangte Heisenberg zu seiner berühmten »Unschärferelation«, die auch besagt, daß ein Elektron auf der Atomhülle eigentlich gar keinen genauen Ort als Punkt hat. Es war eine Überlegung, die durch die Frage »was genau?« und »was ist das, was ich beschreibe, *nicht?*« zu einer ganz neuartigen Lösung fand.

Fragen besitzen alle eine bestimmte *Form.* Wir erkennen diese Form für die häufigsten, die W-Fragen, an den Fragewörtern, die alle mit einem W beginnen: Wo, Wann, Warum, Wer, Wozu, Woher, Womit usw. Ich habe als Kreativitätstechnik vorgeschlagen, spielerisch die *Form* der Frage dadurch zu verändern, daß man die W-Fragewörter einfach austauscht und »durchprobiert« (W-Frage-Methode). Vor allem »Warum-Fragen« führen sehr häufig in Sackgassen. Auf die Frage »Warum liebt er mich nicht mehr?« wird es nie eine Antwort geben. Gefühle haben keine einfache Ursache, die Warum-Frage sucht aber genau danach. Wenn, um bei diesem Beispiel zu bleiben, die Frage »Warum« durch ein »Wer« ausgetauscht wird, dann entsteht eine völlig neue Blickrichtung. Man entdeckt dann vielleicht, daß es durchaus Menschen gibt, die uns Liebe zeigen. Oder man bemerkt: Er ist ein ganz anderer geworden, durch eine Erfahrung, durch den Beruf etc. Dann kann man sagen: Der andere, der er geworden ist, liebt mich nicht mehr. Vielleicht könnte ein Berufswechsel das wieder rückgängig machen, vielleicht aber muß man einfach akzeptieren, daß die Situationen des Lebens immer wieder auch einmal »Nein!« zu uns sagen.

Ein wichtiger Aspekt der W-Frage-Methode ist auch die Möglichkeit, die jeweils *verneinenden* Fragen zu stellen. Dadurch erhalten wir doppelt so viele Fragen und damit weitere Möglichkeiten, etwas Neues zu entdecken. Das mag auf den ersten Blick wie ein Spiel aussehen, es ist aber ein *kreatives Spiel,* durch das man sehr viel erkennen und entdecken kann. Viele Ärzte sind z.B. gewohnt, nach einer *Krankheit* zu fragen. Sie blicken auf eine Erkrankung und stellen die Frage: »Was ist die Ursache dieser Krankheit?« Viel hilfreicher ist es oftmals für Patienten, nach dem Gegenteil zu fragen: »Wie gelingt es jemand, *gesund* zu bleiben?« Der durch diese Frage, einer Verneinung des Blicks auf Krankheiten, neu gewonnene Horizont eröffnet ganz neue Perspektiven und Möglichkeiten der Heilung.

Die *Verneinung* (Negation) einer Frage ist niemals schlicht »das Gegenteil« – das gilt nur in der formalen Logik, nicht im Erleben von Situationen. Wenn man sagt: Ein Pessimist betrachtet ein Glas als halb geleert, wo ein Optimist ein halb gefülltes Glas sieht, so zeigt sich dieser Unterschied sehr schön. Ein halbleeres Glas ist eben nicht einfach dasselbe wie ein halb gefülltes Glas. Deshalb ist »voll« auch nicht einfach das Gegenteil von »leer«. Ein leeres Glas kann auch positiv als Gefäß verstanden werden, in dem eine Flüssigkeit Platz findet. Man blickt auf den leeren Raum. Ein leerer Raum ist aber nicht »Nichts«. Durch die Verneinung einer Frage erhält man eine ganz neue Perspektive, man erhält nicht noch einmal dieselbe mit einem Minuszeichen. Ein leeres Glas ist anderes und mehr als nur etwas, dem eine Flüssigkeit fehlt. Und die Gesundheit ist nicht einfach das Gegenteil von Krankheit, sondern eine ganz andere Blickrichtung. Die W-Frage-Methode, ergänzt jeweils um die Frage »Was, wie, warum etc. ist etwas *nicht!*«, kann diese Blickrichtung eröffnen und unsere Erwartungshaltung, unsere Erkenntnis, unser Erleben völlig verändern.

Diese W-Frage-Methode ist universell anwendbar. Sie ist nicht auf persönliche Probleme beschränkt. In den Wissenschaften hat oftmals schon eine Veränderung der Frageform von »Was ist . . . « in »Wie funktioniert . . .« eine ganz neue Theorie ergeben. Einige Philosophen wollten deshalb bestimmte Frage-Typen überhaupt verbieten. Das ist ein absurdes Unterfangen. Es gibt diese Fragen nun einmal in unserer Sprache, und jede Frage birgt *ihr* kreatives Potential, eröffnet einen besonderen *Frage-Raum.* Durch die Verwendung einer Form von W-Frage (Warum? Wie? Wozu? usw.) färbt sich die Ausrichtung der Achtsamkeit mit dieser Frageform ein. Wir können dadurch bestimmte Aspekte eines Problems genauer erkennen, andere fallen unter den Tisch. Es ist also besonders wichtig, hier nicht in Gewohnheiten des Fragens zu verfallen. Der Schlüssel ist auch hier die Achtsamkeit, die durch die Form des Fragens in eine bestimmte Richtung *konzentriert* wird und dort dann mehr und vielleicht etwas Neues erkennen kann.

Un-gewöhnliche Gedanken

Jeder Gedanke, jedes Denkmodell hat von sich aus die Tendenz, eine Grenze zu ziehen. Das gilt auch für Gedankensysteme, für Weltbilder, für ein Paradigma. Wir können nach dem bislang Gesagten verstehen, weshalb das so ist. Erstens ist fast jeder Gedanke in irgendeiner Hinsicht zutreffend. Zweitens erzeugt jeder Gedanke, jedes Denkmodell die Möglichkeit, *überhaupt etwas zu erkennen,* und das scheint uns in jedem Fall besser als das Gegenteil, nämlich ein Zustand der Verwirrung, des Nichtwissens, des Probleme-Habens. Drittens haben alle Gedanken, die nur auf irgendeine Weise zutreffend erscheinen, die Tendenz, sich immer wieder anzubieten. Was man kennt, das ist bekannt, vertraut – man *gewöhnt* sich daran. Man gewöhnt sich eben nicht nur an neue Schuhe, an den Geschmack des Kantinenessens oder an das unfreundliche Gesicht eines Busschaffners am Morgen. Vor allem gewöhnt man sich an Gedanken.

Etwas kommt hier hinzu: In einer Gruppe, in der Familie, an der Schule, in der Firma, im Verein, in einer Stadt oder in einem ganzen Land, ja weltweit durch die Medien werden Gedanken *wechselseitig* angestoßen, schaukeln sich auf, verstärken sich untereinander. Die einfachsten, bildkräftigsten Gedanken scheinen sich am leichtesten durchzusetzen und wechselseitig anzufachen. Ich habe dieses Phänomen die *soziale Resonanz* der Denkmodelle genannt. Tatsächlich ähnelt diese Resonanz den bekannten Phänomenen, daß ein Glas bei einem bestimmten Ton aus dem Lautsprecher zu schwingen beginnt oder ein Mikro wegen einer Rückkopplung mit dem Lautsprecher zu pfeifen anfängt. Bestimmte Gedanken sind wie Resonanztöne, die sich durch Gespräche oder die Medien fortsetzen, dort immer neu wiederholt werden. Sie scheinen sich so zu einem Weltbild, einem Paradigma, zu einer, wie Immanuel Kant sagt, »durch lange Gewohnheit zur Natur gewordenen Denkungsart« zu stabilisieren.

Ein Paradigma schafft Stabilität. Man fragt nicht mehr, ob ein Gedanke richtig, nützlich oder hilfreich ist. Es genügt, daß alle davon ausgehen, daß er es ist – denn jeder sagt es. Wenn an der Börse alle sagen und wiederholen, daß nun für immer die goldenen Zeiten des Reichtums angebrochen sind, dann werden viele Aktien gekauft, die Kurse steigen, und tatsächlich geschieht, was alle denken. Gedanken haben tatsächlich eine magische Macht, die sich als *soziale Resonanz* verstärkt und eine eigene Wirklichkeit hervorbringen kann. Nicht mehr die Tatsachen, der Gedanke ist zu einer eigenen Wirklichkeit geworden, der man Glauben schenkt. Erst wenn, oft aus nichtigem Anlaß, die Börsenkurse einbrechen, wenn sich die wechselseitige Versicherung, man lebe nun für immer im goldenen Börsenzeitalter, in einem *Crash* wie 1929 oder 1987 plötzlich ins Gegenteil verkehrt, dann wird erkannt, daß man sich nur durch wechselseitige Bestätigung an etwas gewöhnt hatte, das mit der tatsächlichen Situation nicht mehr übereinstimmte.

Gedanken, wie sie in Gruppen herrschen, haben eine verführerische Macht. In Gruppen bilden sich Gewohnheiten meist noch rascher als individuell. Wenn jeder sagt, wenn es aus allen Medien ertönt, daß etwas so und nicht anders sei, dann erlahmt die Achtsamkeit auf die Phänomene der Welt sehr rasch. Man versinkt in der wohligen Gemütlichkeit eines Paradigmas. Leider sind die Situationen des Alltags aber nicht so, daß die Wiederholung derselben Gedanken für immer Sicherheit bieten könnte. Deshalb ist Kreativität nicht nur eine spielerische, eine vergnügliche Sache, sie wird gerade in der modernen Welt zur Notwendigkeit. Je leichter wir fähig sind, inmitten *gewohnter* Gedanken das Gegenteil, das *Un-gewohnte* zu denken, desto mehr sind wir auf Änderungen vorbereitet und können mit dem Wandel der Situationen eher spielerisch verfahren.

Eine wichtige Voraussetzung, mit dem *Un-gewöhnlichen* vertraut zu werden, ist die Bereitschaft, sich jenen Gedanken zu öffnen, die *neben* den gebräuchlichen Denkformen immer vorhanden sind. Wichtig ist hierbei, daß man den Bereich überschreitet, den man gewohnt ist, in dem man sich zu Hause fühlt. Nur so macht man sich bewußt, daß die aktuellen Gedanken und Glaubensüberzeugungen vielleicht morgen schon hinfällig werden, weil wir ganz neue Erfahrungen durchleben.

Es gibt zahllose Formen des Wissens, teilweise völlig alberne und verrückte Gedanken – doch albern und verrückt immer vom *gegenteiligen* Standpunkt aus. Ich möchte diese Frage am Beispiel der *Esoterik* etwas verdeutlichen. Seit Platon den Unterschied machte zwischen Gedanken, die er allen Menschen mitteilte, und solchen, die er nur wenigen weitergab, kennt man so etwas wie eine *Geheimwissenschaft*. In unserer Zeit hat die Esoterik eine geradezu atemberaubende Wiederauferstehung erlebt, und viele beobachten das mit größter Skepsis, ja mit Abneigung. Wenn es sich darum handelt, daß jemand durch Betrügereien an unsere Geldbörsen gelangen möchte, dann ist die Skepsis sicher angebracht. Aber das versuchen auch viele »seriöse« Firmen durch die Werbung mit nicht minder fragwürdigen Tricks.

Bei einem Blick in die Geschichte der Esoterik können wir viele Dinge entdecken, die heute Teil einer Wissenschaft geworden sind. So gelang es zwar der Alchemie nie, tatsächlich Gold zu machen, aber sie entwickelte bei diesem Versuch eine so subtile Kenntnis über viele Stoffe, daß sich daraus die moderne Chemie entwickeln konnte. Später entdeckte Carl Gustav Jung, daß man die Beschreibungen der Alchemie auch als *psychologisches* Modell (Archetypus) auffassen kann, das viele Probleme verständlich macht.

Ein anderes Beispiel: Als Franz Anton Mesmer Ende des 18. Jahrhunderts begann, mit magnetischen Steinen und magischen Strichen Damen der feinen Gesellschaft in Hypnose zu versetzen, galt dies für viele als Scharlatanerie. Noch Freud stand der Hypnose sehr skeptisch gegenüber. Heute ist die Hynotherapie, die vor allem von dem amerikanischen Psychologen Milton Erickson weiterentwickelt wurde, eine anerkannte und sehr wirksame psychologische Heilmethode. Der Unterschied zwischen Esoterik und Wissenschaft ist keineswegs starr. Vieles, was früheren Wissenschaftlern als Schabernack galt, ist heute selbstverständlicher Teil einer seriösen Wissenschaft.

Die Grenze zwischen den verschiedenen Gebieten des Wissens ist fließend. Deshalb ist es immer ein Ausdruck von Starrheit, Blindheit oder einer einengenden Denkgewohnheit, wenn man gar zu selbstsicher dem Wissen, das nicht in der eigenen Umzäunung liegt, die Seriosität abspricht. Das gilt für die Parapsychologie ebenso wie für die Naturheilkunde. Allerdings gilt auch *exakt* das Umgekehrte. Überzeugte Esoteriker halten einen methodisch und experimentell sauber arbeitenden Wissenschaftler gelegentlich für einen Dummkopf, dem die höheren Weihen der Erleuchtung nicht zuteil wurden, wenn er Erdstrahlen nicht messen kann oder eine Pendelbewegung auf unbewußte Spontanbewegungen der Hand zurückführt. Die Macht der Gewohnheit, die das Denken fesselt, gilt für *jedes* Territorium, das sich abgrenzt, das wissenschaftliche nicht minder als das esoterische.

Kreativität des Denkens heißt die Bereitschaft zur Offenheit, andere Denkmodelle – und seien sie noch so »verrückt« vom momentanen Standpunkt aus – spielerisch zu durchdenken und für sich auszuprobieren. Man hört nicht auf, ein guter Physiker zu sein, wenn man sich einmal die Logik der Tierkreiszeichen erklären läßt. Und wer kosmische Energien und psychische Felder in den Chakren des

Körpers vermutet, dem schadet es vielleicht nicht, wenn er einmal ein Buch über Elektromagnetismus liest. Es kommt darauf an, die Grenze des eigenen Denkgefängnisses zu überschreiten, spielerisch möglichst viele Denkwelten kennenzulernen. Wenn man einen Gedanken aus einem noch so entlegenen Bereich in das eigene Denk-Terrain einbezieht, so entdeckt man vielleicht im Licht dieser fremden Betrachtungsweise einen ganz neuen Aspekt.

Niemand käme wohl auf die Idee, die Philosophie von Fichte oder die indische Advaita-Vedanta-Lehre mit der modernen Quantenphysik in Beziehung zu bringen. Dennoch haben beide Denksysteme einerseits Heisenberg, andererseits Schrödinger nach eigenem Bekunden an wichtigen Stellen ihrer Theorien weitergebracht. Man kann nie sagen, wie eine kreative Anregung *genau* funktioniert. Das hängt ab von der individuellen Situation und der je eigenen Erfahrung. Aber gerade weil wir das nicht wissen, ist es erforderlich, die verschiedensten Denkmuster auch aus *entlegenen* Bereichen zu erproben. Das genaue Studium von Lebewesen, Tieren und Pflanzen hat schon oft Ingenieuren die Anregung für bestimmte technische Lösungen gegeben; man hat daraus sogar ein eigenes Kreativitätskonzept entwickelt (die *Bionik*).

Auch wenn wir von den erlauchten Rängen der Wissenschaft und Philosophie in die einfachen Situationen des Alltags und der persönlichen Beziehungen herabsteigen, ist diese Methode, »verrückte« Gedanken einfach auszuprobieren, sehr fruchtbar. Am schwersten fällt es uns naturgemäß, die Gedanken von jemand auch nur ernsthaft zu prüfen, den wir aus irgendeinem Grund nicht ausstehen können. Gerade *hier* wäre ein Austausch der situativen Denkmodelle aber besonders wichtig. Es mag ja sein, daß uns jemand unrecht tut. Aber wir *verstehen* ihn viel besser, wenn wir uns einmal ganz auf seine Denkweise, seine Perspektive einlassen. Vielleicht können wir dann darin eine stillschweigende und falsche Annahme über unser eigenes Verhalten entdecken, und ein klärendes Gespräch verbessert die Beziehung.

Man kann sich in andere vor allem dadurch *einfühlen,* daß man ihre *Denkweise* schlicht nachahmt. Bei *positiven* Vorbildern tun wir das gern. Bis in Details der Kleidung, des Sprechens und der Gesten folgen viele ihren Idolen. Bei unseren Feinden würde uns das nicht einfallen – wobei wir sie dann sehr oft gerade durch bewußte *Abwehr* nachahmen, nur negativ, gleichsam mit einem Minuszeichen versehen. Wir müssen die fremden Gedanken nicht für uns *annehmen,* d.h. daraus nun *unsererseits* eine Gewohnheit machen. Aber wir können uns beim *Eindenken* in andere sehr oft ein Verhalten erklären. Die einfache Überlegung: »Wie würde ich denken und fühlen, wenn ich der oder jener wäre«, ist tatsächlich wirksam. Die Imaginationskraft unserer Achtsamkeit kann hier wahre Wunder bewirken. Nicht zufällig verkleiden sich Menschen sehr gerne beim Karneval, im Fasching. Es macht eben zwischendurch Spaß, einmal eine ganz andere Rolle zu spielen. Weshalb nicht in Gedanken vorübergehend die Rolle eines anderen annehmen, den wir *nicht* mögen?

Dieses Eindenken, darauf beruhend ein Einfühlen *(Empathie)* in die Situation anderer, ist eine wenigstens ebenso wichtige Förderung unserer Kreativität wie das spielerische Erproben von Gedankenwelten, die den unseren fremd sind. Die heimliche Identifikation mit einer Figur in einem Spielfilm erfüllt einen ganz ähnlichen Zweck. Bei trivialsten Szenen erlaubt sich ein hartgesottener Geschäftsmann im Kino (unbeobachtet, versteht sich) ein paar Tränen, die ihm im Büro oder am Telefon bei einer Verhandlung nie über die Wangen kullern würden. Die Struktur ist hier dieselbe: Eindenken, einfühlen in andere Menschen, andere Situationen und andere Denkwelten eröffnet etwas in uns selber.

Aus diesem Grund kann man der Esoterik und der Trivialliteratur, den Fantasy- und Science-fiction-Romanen oder -filmen, den Soaps im Fernsehen und Spielfilmen, die alle Register der Spezialeffekte ziehen, durchaus positiv gegenüberstehen. Ich beeile mich hinzuzufügen, daß jede Form der großen *Kunst* geeignet ist, unser Denken und Fühlen zu verändern, wenigstens aber offener und freier zu machen. Tausende von Zitaten aus der Literatur, Bilder von Malern usw. prägen das Denken des Alltags und zeigen, daß wir sehr gerne die Denkmodelle aus anderen Bereichen entnehmen, um die Situationen unserer Erlebniswelt besser verstehen zu können.

Wer sich ins Gefängnis des Gedankens »ich bin ein nüchterner, rationaler Mensch« begibt, der wird darin eingesperrt bleiben. Kreativität ist nicht rational, nur Gewohnheiten sind das. Was immer uns aus den *Gewohnheiten* des Denkens befreit und erlaubt, vorübergehend in andere Denkformen einzutauchen, macht uns auch offen. Dadurch sind wir in der Lage, auch dann etwas zu verändern, wenn unsere »eisernen« Überzeugungen und Erwartungen *von außen* durch die wechselvollen Stürme des Alltags plötzlich in Frage gestellt werden. Wir lassen etwas los und werden dadurch dennoch reicher. Wir verlieren das Ego der Gewohnheiten und gewinnen das kreative Selbst.

6 ▪ Das kreative Selbst

Die Erschütterung des Selbstbewußtseins

Kreativität verändert nicht nur die Situation, in der wir sind, sie erzeugt nicht nur neue Dinge, verändert die Wahrnehmung und die Denkprozesse; im kreativen Prozeß verändern wir uns *selbst*. Wenn wir uns aber selbst *verändern*, so stellt sich die Frage: Wer oder was *sind* wir eigentlich? »Erkenne dich selbst!« lautete eine Inschrift am Apollontempel in Delphi, und diese Aufforderung ist als Auftrag an jeden aktuell geblieben.

Wir beobachten einen seltsamen Widerspruch, der in der Moderne zu einem wirklichen Gegensatz aufgerissen ist. Auf der einen Seite ist der Alltag, nicht nur in der Wirtschaft, durch einen überdeutlichen Egoismus gekennzeichnet. Jeder will etwas für sich und vor allem mehr davon. Jeder scheint ganz genau zu wissen, was er *haben* will. Und was einer *hat*, das *ist* er dann auch nur. Karl Kraus sagte einmal in einem glänzenden Bonmot: Heute will jeder ein Individuum sein, aber jeder dasselbe. Auf der anderen Seite beobachten wir eine tiefe Orientierungslosigkeit, Unsicherheit, eine »neue Unübersichtlichkeit«. Das (post)moderne Individuum erscheint außen groß und vielfältig aufgeblasen, innen findet sich aber oft nur die heiße Luft der Ratlosigkeit. Diese Individualität hat die Natur der Börse: Schnell geht das Selbstbewußtsein nach oben, doch der kleinste Anlaß führt zu einem Crash, und man landet im Wartezimmer eines Therapeuten.

Für diese Entwicklung gibt es zweifellos objektive Gründe, die man gerne mit den »Kränkungen der Moderne« umschreibt. Zuerst verdrängte die Astronomie die Erde aus dem Mittelpunkt des Kosmos, dann nahm Darwin dem Menschen die Gewißheit, sich grundlegend vom Tierreich zu unterscheiden, schließlich setzten Freud und die Psychoanalyse diese Relativierung des menschlichen Selbstbewußtseins noch ins Innere der Seele fort, indem sie die große Bedeutung des Unbewußten für unser Handeln entdeckten. Und die moderne Genetik und die Neurowissenschaften scheinen den Menschen endgültig in ein bloßes Produkt genetischer Steuerung und neuronaler Strukturen zu verwandeln. Was also bleibt vom Menschen?

Wir haben im vorhergehenden Kapitel kennengelernt, wie man sich in Fragen verrennen, aber auch, wie man solche Sackgassen wieder verlassen kann. Wenn man nämlich die Frage so stellt, dann ist die postmoderne Flucht vor sich selbst in die Fun-Gesellschaft verständlich. Doch man kann die Frage auch ganz anders stellen: Zweifellos haben Kopernikus, Darwin, Freud, Crick und Watson (die Entdecker der DNA) und die modernen Neurowissenschaftler dazu beigetragen, unser »Selbstwertgefühl« zu erschüttern. Die Frage ist nur: *Welches* Selbstwertgefühl? Denn offenbar waren es doch wir als Menschen selbst, die all diese Neuerungen vollzogen, diese Entdeckungen gemacht haben. Wenn die Menschen sich tatsächlich eines Tages genetisch selbst verändern und neuronale Strukturen beeinflussen werden – wer ist dann dieses »Selbst«, das all dies kann? Tatsächlich vollbringen wir doch wahre Wunder (keineswegs nur in der Wissenschaft und Technik), und das ist das genaue *Gegenteil* eines ohnmächtigen Selbst.

Das moderne Selbst*bewußtsein* und die *Praxis* dieses kreativen Selbst klaffen weit auseinander. Es gibt sicher gute Gründe, skeptisch gegenüber den modernen Entwicklungen zu sein. Vor allem deshalb, weil sich die menschli-

158

che Kreativität vorwiegend *gegen* die Natur zu richten scheint in ihrem Ansinnen, sie beherrschen zu wollen. Doch auch inmitten düsterer ökologischer Szenarien gilt: Wir selbst haben doch diese Probleme verursacht. Und wenn wir sie verursacht haben, dann besteht vielleicht auch die Möglichkeit, dies kreativ zu verändern und aus den Fehlern zu lernen.

Das Selbstbewußtsein der Menschen ist erschüttert. Aber es ist erschüttert nicht durch ein äußeres Ereignis oder schicksalhaftes Verhängnis. Es ist erschüttert durch die Wirkungen der eigenen Tat. Wir sind erschüttert über die Wirkungen unserer Kreativität, über die große Macht, die den Menschen daraus erwachsen ist. Aber nicht die Kreativität ist die Quelle dessen, was wir vielfach beklagen, vielmehr ihre Fesselung durch die Macht der Gewohnheit. Wir *leihen* uns die Kreativität anderer aus, über die Produkte des Marktes, und wir wollen davon möglichst viel haben. Die Gewohnheit des Habenwollens, des Konsums, der innere Zwang des Egos, sein Territorium immer mehr auszuweiten zu wollen, treibt uns nicht nur gegeneinander in eine unbarmherzige Wettbewerbsgesellschaft, es treibt uns auch an gegen die Natur. Diese »Gewohnheit ist eine zweite Natur, welche die erste zerstört«, sagt Pascal sehr schön. Im Streben nach den Produkten der Kreativität *anderer* verpassen wir allerdings nichts weniger als uns selbst.

Für diesen Prozeß gibt es viele Gründe. Seine tiefsten Ursachen sind jedoch seelischer Natur; sie liegen in einer Eigenschaft unserer Psyche, die keineswegs unveränderlich ist, wohl aber als Gewöhnung zu einer sehr unbeweglichen und starren Blindheit uns selbst gegenüber führt. Diese Blindheit ist uns sehr nahe, und dennoch *sind* wir sie nicht. Wir machen uns nur dazu. Wie? Dadurch, daß wir von unserem kreativen Selbst ein *Ego der Gewohnheiten* abspalten und immer mehr beginnen, dieses Ego mit uns selbst zu verwechseln.

Der Ego-Prozeß

Letztlich muß jeder das Werk der Selbsterkenntnis auch selbst vollführen. Jede Erkenntnis von außen wäre nur geliehen. Dennoch ist keiner der erste, wenn er diese Aufgabe bewältigt. Deshalb können wir hier auf vielfältigen Erfahrungen aufbauen. Was ich hier also beschreibe, ist vielleicht in der Darstellung, in der Wahl der Bezüge zur Gegenwart neu, der Sache nach ist es eine uralte Erkenntnis. Wir finden sie in vielen *spirituellen* Traditionen; die moderne *Psychologie* hat allerdings wichtige Bausteine hinzugefügt, die sich als sehr hilfreich erweisen. Auch darf man nicht vergessen, daß der innerste Beweggrund der *Philosophie* immer die Frage war: Wer ist das eigentlich, der all dies denkt, handelnd vollbringt und erkennt?

Das Ego ist nicht das kreative Selbst. Im Gegenteil, das Ego ist eher so etwas wie ein *parasitärer* Prozeß in unserer Seele. Ich möchte, um Mißverständnisse zu vermeiden, zunächst ein paar Bemerkungen zur Terminologie, zur Wortwahl machen. »Ich« und »Ego« sind keineswegs eindeutige Begriffe. Descartes hat Ego und Bewußtsein gleichgesetzt, und oft wird die Summe aller bewußten Vorgänge einfach mit »Ich« bezeichnet. Auch in der Psychoanalyse ist das Ich vielfach mit dem Bewußtsein identifiziert worden. Man sollte hier nicht über Wörter streiten, obgleich jede Bezeichnung ihre eigene Suggestivkraft besitzt. Sicher ist an der Identifizierung von Ego und Bewußtsein richtig, daß uns das Bewußtsein immer nur »von innen«, als unser eigenes Bewußtsein zugänglich ist. Bewußtsein ist – sozusagen – »selbsthaft«. Es hat immer etwas mit uns selbst zu tun. Die Frage ist aber, ob sich unser Selbst auf das beschränkt, was durch die Grenzen des Egos gesetzt wird. Ich werde deshalb zwischen Ego und Selbst unterscheiden. Das Selbst kommt der Achtsamkeit zu, das Ego ist ein besonderer, überlagerter Prozeß, der zwar auf der Achtsamkeit beruht, mit ihr aber nicht identisch ist.

Anstatt Definitionen zu liefern, ist es viel besser, den Ego-Prozeß zu beschreiben und so der Leserin und dem Leser zu ermöglichen, ihn bei sich selbst zu entdecken. Der erste wichtige Hinweis hierbei ist die Feststellung, daß das Ego keine bleibende Substanz, sondern ein Prozeß ist. Was ist das eigentlich, nüchtern gesprochen, was wir »ich« nennen? Es ist immer ein Aspekt unserer Situation. Wir *identifizieren* einen Aspekt der kreativen Situation mit uns selbst. Wir *ergreifen* ihn und sagen dann innerlich dazu »ich«. Der *Inhalt* dieses »Ichs« ist allerdings ebenso wandelbar wie die Situation, von der er geliehen ist. Einmal meinen wir mit »ich« ein Gefühl oder eine Stimmung. Wir sagen dann: »*Ich* fühle das aber«. Ein andermal identifizieren wir das Ich mit unserem Körper: »Das ist *mein* Körper.« Ebenso identifizieren wir uns mit unserer Wahrnehmung (»*Ich* sehe das vor meinen Augen«) oder unseren Gedanken (»*Ich* weiß das«).

Das Ego leiht sich sein Wesen also immer von etwas anderem, das es gar nicht selbst ist. Wir identifizieren uns mit den verschiedenen Aspekten unserer Erlebnissituation und *sagen* dann in einem endlosen inneren Dialog dazu »ich« oder »mein«. Der Ich-Gedanke, innerlich ausgesprochen, ist untrennbar vom Ego-Prozeß. Irgendwann in der Kindheit fangen die Menschen damit an, zu allerlei Erfahrungen »ich« zu sagen – indem sie die Erwachsenen kopieren. Kinder üben das ein und testen darin die Grenzen zwischen sich und dem Ego der Erwachsenen. Der große japanische Zenmeister Bankei sagte: »Wie erlernen wir die Verblendung des Egos? Dadurch, daß wir unsere Eltern nachahmen.« Das mag respektlos klingen, ist aber eine Wahrheit, die Tradition hat.

Das Ego ist keine angeborene Substanz; es ist ein erlernter Prozeß, in dem wir verschiedene Aspekte unserer Erlebniswelt, der kreativen Situation *ergreifen* und einen Unterschied machen. Der Ego-Prozeß ist ein Prozeß des Unterscheidens zwischen Ich und Nicht-Ich, zwischen Mein, Dein und Es. Das Merkwürdige daran ist, daß wir häufig auch einfach *vergessen,* diesen Unterschied zu *machen.* Wenn wir uns in der Natur glücklich fühlen, dann ist der Gedanke »ich bin glücklich« eigentlich schon eine Störung des Glücks. In der Liebe finden wir uns ganz im anderen und haben gar keinen Wunsch, uns von ihm oder ihr zu unterscheiden; wir würden am liebsten ganz verschmelzen. Ähnliches gilt für schöne Momente beim Betrachten von Kunst, beim Anhören von Musik oder bei einem spannenden Vortrag.

Wir sind in solchen Augenblicken, in denen wir unser Ego ganz vergessen, keineswegs *unbewußt.* Im Gegenteil. Unsere Achtsamkeit ist aufs höchste aufgeweckt und einem Erlebnis zugewandt. Das zeigt, daß »Ego« und »Bewußtheit« oder »Achtsamkeit« keineswegs identisch sind. Wenn der Gedanke »ich bin«, »ich will« usw. wieder auftaucht, dann werden solche Augenblicke *zerstört.* Wer etwas *festhalten* will *für sich,* dem entgleitet es wie Wasser in den Händen.

Dennoch versuchen wir genau das. Wir fangen in den schönsten Augenblicken an, unseren inneren Dialog fortzusetzen. In einem Konzert, während die Musik uns vorübergehend ganz von der Gewohnheit des Ich-Sagens befreit hat, setzt irgendwann wieder der innere Dialog ein, wir kommentieren vielleicht zuerst innerlich das Orchester, die Band, dann schweifen wir ab – und plötzlich bemerken wir, daß wir gar nicht mehr zugehört haben. Die Achtsamkeit wurde abgelenkt, färbte sich durch den inneren Dialog ganz anders ein, und der Ego-Prozeß hat seine gewohnte Macht wiedergewonnen.

Das Ich ist kein Ding, keine Substanz, es ist ein Prozeß des Ich-Sagens und des Ergreifens von Wahrnehmungen, Gefühlen und Gedanken. Dieser Prozeß wird eingeübt, ist er doch die alltägliche Funktionsweise unserer Gesellschaft.

Das Ego des einen stößt in seiner Abgrenzung unaufhörlich das des anderen von außen an, während wir innerlich uns an diesen Prozeß gewöhnen, ihn zu unserer schattenhaften, plappernden zweiten Natur machen.

Der Ego-Prozeß grenzt unaufhörlich ein Territorium ab und teilt das eigentlich Unteilbare. Unsere Erlebnissituationen sind miteinander verbunden. Wir beziehen uns auf dieselbe Natur, teilen dieselben Stimmungen, denken dieselben Gedanken. Diesen situativen Phänomenen überlagern wir einen Prozeß des Unterscheidens zwischen Ich und Nicht-Ich, durch den wir eine Grenze ziehen, ein Territorium verteidigen. Jemand sagt etwas, was kurzzeitig ein ungutes Gefühl auslöst, schon macht der Ego-Prozeß ein »er hat *mich* gekränkt« daraus. Auch auf einer fast unbewußten Ebene funktioniert dieses Abgrenzen des Ego-Territoriums. Man kann es sehr gut beim Autofahren beobachten. Das Auto wird zu *meinem* Auto und der Platz darum herum, davor und dahinter wird zu meinem Territorium. Wehe, wenn ein anderes Auto diesem Territorium zu nahe kommt! Wir sagen dann: »Er hat *mich* geschnitten, *mich* bedrängt« – wir sagen eher selten: »Sein Auto kam meinem *Auto* gefährlich nahe, weshalb ich sicherheitshalber gebremst habe.«

Das Ego wirft unaufhörlich sein Lasso und fängt alles ein, was sich bewegt – oft nur deshalb, weil man bemerkt, daß es jemand *anders* haben möchte. Sehr schön kann man das an den Wühltischen beim Sommer- oder Winterschlußverkauf sehen. Nicht selten geht man dann mit einem Teil nach Hause, das man eigentlich gar nicht kaufen wollte. So funktioniert das Ego meist. Es drängt uns zu Handlungen, die wir *nachher* oft bereuen. Die wütende Reaktion auf ein »er hat *mich* gekränkt«, obgleich es nur eine flapsige Bemerkung war, das nachfolgende Streitgespräch kann ganze Beziehungen und kollegiale Verhältnisse in eine Hölle des Ego-Krieges verwandeln.

Und all dies geschieht nicht etwa aus einer Notwendigkeit, es geschieht *aus Gewohnheit*. Das Ego ist ein *Gewohnheitsprozeß*. Man könnte ironisch sagen: »Ich bin eine dumme Angewohnheit«. Glücklicherweise sind wir mehr, sehr viel mehr. Und das Ego lebt parasitär von unserer *eigentlichen Natur*, von unserem eigentlichen Selbst. Um nämlich sein Territorium zu verteidigen und auszuweiten, benötigt das Ego eine kreative Hilfe. Es selbst ist nur eine Gewohnheit, mechanisch und unkreativ. Es nimmt aber unser kreatives Selbst in Dienst, versklavt es an seine bornierten Wünsche. Es ist oft erstaunlich, welches kreative Potential ein Streit aufweckt und in völlig unsinnige Bahnen lenkt. *Offensichtlich* wird das nicht nur in diversen Nachbarschaftsstreits, auf grausame Weise wirklich wird es, wenn sich Menschenmassen ganzer Nationen ein kollektives Ego zulegen, mit Waffen aufrüsten und gegeneinander losgehen. Der Krieg ist sicher nicht der Vater aller Dinge, aber das nationale Ego versteht es glänzend, die kreative Energie seiner Menschen in militärisch verwertbare Bahnen zu lenken.

Der Anfang und der Kern aller Kriege liegen aber in einer seelischen Struktur, im Ego-Prozeß, im Abgrenzen des Ego-Territoriums. Es ist nicht falsch zu sagen: Die Ablenkung der Achtsamkeit durch die Gewohnheit des Ich-Sagens ist der Grund für all die unangenehmen Folgen, die wir als Ego-Prozeß individuell und in sozialer Resonanz in Glaubenskriegen, im Wirtschafts- und Wettbewerbskrieg, bei politischen und militärischen Auseinandersetzungen beobachten können. Eine kleine Unachtsamkeit mit gewaltiger Wirkung, wenn sie massenhaft wiederholt wird.

Das Ego und die Gewohnheiten

Der Ego-Prozeß ist nur eine Gewohnheit, eine Gewohnheit der Verhinderung von Kreativität. Er hemmt das kreative

Selbst, sich als Licht der Achtsamkeit frei in der Offenheit der Situationen zu entfalten. Dennoch wäre es ein Fehler, Gewohnheiten mit dem Ego zu verwechseln. Gewohnheiten, Fertigkeiten sind ein wunderbares Potential, das einem verhelfen kann, ohne viel Mühe Dinge ganz automatisch zu vollenden oder Tätigkeiten auszuführen. Nur ein Pianist, der sich ganz auf die Stimmung eines Musikstücks konzentriert, ohne auch nur eine Sekunde an die beweglichen Fertigkeiten seiner Finger zu denken, wird ein großer Interpret werden. Wer sich die Fingerbewegungen immer wieder bewußtmachen muß, der richtet seine Achtsamkeit auf die körperliche Bewegung, nicht auf die Musik.

Solange sich Gewohnheiten natürlich in einer Situation entfalten, in Harmonie mit den Umständen, sind sie ein sehr wertvoller Teil der Individualität. Sie können hier ganz in den Dienst der Achtsamkeit treten. Gleichgültig, ob Gewohnheiten hierbei sehr achtsam wiederholt werden (wie in einem Ritual) oder als Teil eingebunden sind in einen Veränderungsprozeß, solange sie in der offenen Achtsamkeit mit der Natur der Situation fließen, sind Gewohnheiten nie ein Hemmnis. »Das Gewohnte wird lustvoll, insofern es naturhaft wird«, sagt Thomas von Aquin. Es ist schön, sich selbst bei seinen Fertigkeiten und deren freier Entfaltung zu erleben. Viele Künstler berichten von diesem Erlebnis des Fließens, aber auch im Alltag kennen wir Momente, in denen uns einfach alles leicht von der Hand geht oder neue Einfälle sich ganz von selbst einstellen.

Anders wird das Erleben des Strömens einer Situation, wenn sich das Ego, der innere Dialog als fremder Prozeß überlagert. Das Ego ist nur ein Prozeß, es ist keine Substanz. Deshalb bieten ihm nur *Gewohnheiten* jene Festigkeit, die es vergeblich auf Dauer erlangen möchte. Gewohnheiten *wiederholen* sich und erwecken so den Anschein von Beständigkeit. Deshalb stützt sich das Ego auf die Gewohnheiten, macht sie zu einem *Mein*. Solange Situationen genügend Spielraum für die Entfaltung von Gewohnheiten bieten, braucht der Ego-Prozeß nicht mit dem natürlichen Fluß des Alltags in Widerspruch zu stehen. Auch ist das Ego bestrebt, seine Umgebung so zu manipulieren, daß sie berechenbar, d. h. den Gewohnheiten angepaßt bleibt.

Leider mißlingt dieses Bestreben immer wieder. Einmal deshalb, weil sich alle Dinge verändern, weil nichts so bleibt, wie man es gerne in einem Begriff, einem Gedanken festhalten würde. Kein Gegenstand, kein Gefühl, keine Beziehung zu einem anderen Menschen bleibt unveränderlich. Zum anderen begegnet im Alltag immer wieder und immer häufiger ein Ego dem anderen. Der Versuch, jeweils ein Territorium abzugrenzen, stößt auf denselben Versuch von jemand anderem. Selbst in harmonischen Beziehungen werden kleine Machtspiele gespielt, wer dies oder jenes tun oder lassen soll.

Zu voller Blüte entfaltet sich der Gegensatz der Egos oft dann, wenn etwas »knapp« ist. Knappheit entsteht allerdings erst, wenn Interessengegensätze sich darum streiten. In der Wirtschaft zeigt sich dieser Gegensatz als Wettbewerb um Einkommen, Arbeitsplätze, Kunden usw. In der Politik ist es der Wettbewerb der Parteien, der Kandidaten, der Ideologien. Und im Privatleben kommen die verschiedenen Egos in Konflikt, wenn es um Aufmerksamkeit, Zuneigung, gar um Liebe geht. Die zwei verhängnisvollsten psychischen Gifte: die blinde Besitzgier und die Aggression, gründen in der Blindheit des Egos, sein Territorium verteidigen oder ausweiten zu wollen. Die Eifersucht vereint beide Gifte: Man will jemand besitzen und verteidigt seinen Besitzanspruch. All dies sind keine *primären* Triebe bei uns Menschen, es sind *abgeleitete* Verhaltensweisen aus dem Ego-Prozeß.

Was auf den ersten Blick als harmloses inneres Sprechen erscheint, indem man in verschiedenen Wahrnehmungen, Gefühlen und Gedanken den Unterschied zwischen Ich und Du, Ich und Es macht, erweist sich in voller Blüte als großes Hemmnis unserer Selbsterfahrung und kreativen Entfaltung. Der Ego-Prozeß absorbiert die Achtsamkeit, mit ihr unsere Energie, und er versklavt die Gewohnheiten, die Fertigkeiten der Intelligenz I, zu überflüssigen Handlungen und Gedanken. Besitzgier, Aggression und Eifersucht sind Eigenschaften, die sich aus dem Prozeß der Abgrenzung des Ego-Territoriums ergeben, und sie sind völlig nutzlos. Ihr einziges Resultat ist die Behinderung des kreativen Selbst und eine Fülle schlechter Gefühle.

Diese Prozesse fesseln die Achtsamkeit an überflüssige Beschäftigungen, und sie verwandeln uns selbst. Man gewöhnt sich nämlich nicht nur an bestimmte Handlungsprogramme oder Gedanken, man gewöhnt sich auch an den Ego-Prozeß. Die emotionale Reaktion der Eifersucht, der Wut oder der blinden Besitzgier kann wie jeder andere Prozeß zu einer Gewohnheit werden. Und die Summe all dieser Gewohnheiten, die teilweise sogar gesellschaftlich normiert und gepflegt werden, ist nichts weiter als die Illusion des Egos, es sei eine bleibende Substanz, die sich unaufhörlich ausweiten oder verteidigen müsse. Das Ego ist eine Gewohnheit, die andere Gewohnheiten in den Dienst nimmt und die Kreativität, die Achtsamkeit an zumeist überflüssige Fragen, Probleme und Aufgaben fesselt.

Natürlich haben wir viele Bedürfnisse, und jeder möchte sie befriedigen. Das gelingt nicht immer, oft sagt das Leben »Nein!« zu uns. Aber viele dieser Bedürfnisse können wir befriedigen. Solange dies mit dem Prozeß des Ich-Sagens übereinstimmt, ist der Ego-Prozeß ohne nachteilige Konsequenzen. Auch gibt es Situationen, in denen bestimmte Dinge einfach nicht ausreichend verfügbar sind. Das gilt in der materiellen Welt wie im Reich der Gefühle. Die Naturgüter sind nicht alle frei verfügbar, und nicht jede Liebe stößt auf eine Gegenliebe. Solange der Ego-Prozeß nur dies zum Ausdruck bringt, bleibt er ohne Nachteile. Doch er bringt eben nicht nur diese einfachen Bedürfnisse zum Aus-

druck, er wird zu einer selbsttätigen Macht, zu einer Gewohnheit, die – wie eine Sucht – Menschen in Handlungen
und Gedanken treibt, die eine harmonische Beziehung der
Menschen untereinander und zwischen Mensch und Umwelt unmöglich machen.

Gewohnheiten kann man ändern. Man muß sie sich
aber bewußtmachen. Es ist nicht immer leicht zu unterscheiden, ob etwas aus einer wirklichen emotionalen Ver-
letzung oder aus Eifersucht geschieht. Die Grenze mag
fließend sein. Doch wenn wir diesen feinen Unterschied
nicht machen, dann hemmen wir unser kreatives Potential.
Dasselbe gilt für andere Emotionen, für den Unterschied
zwischen Wettstreit und Ellbogengesellschaft, zwischen
Meinungsunterschied und ideologischem Gegensatz, zwischen dem Wunsch, seine Bedürfnisse befriedigen zu wollen, und nackter Geldgier. All diese Grenzen sind fließend
– deshalb setzt sich der Ego-Prozeß auch unbewußt, schleichend, unbemerkt fort und fällt erst dann ins Auge, wenn
seine negativen Folgen offensichtlich werden. Doch meist
hat man dann sehr schnell die Ausrede parat, die *anderen*
seien die Ursache. Jede Grenze hat zwei Seiten, auch die
zwischen zwei Ego-Territorien.

Angst, Selbstbild und Problemlösung

Kreativität als fortgesetzter Prozeß der Selbsterkenntnis und
Selbstgestaltung kann sich nur entfalten, wenn man sich
immer wieder den Ego-Prozeß bewußtmacht und in Achtsamkeit wenigstens einige seiner überflüssigen Beschrän-
kungen beseitigt. Zur Kreativität gehört diese *Kunst des
Loslassens*. Eher selten und nur zufällig sind die kreativen
Produkte, die das Ego zur Verteidigung seines Territoriums
benötigt, allgemein von Nutzen. Ganz sicher unnütz sind die
verwirrten Emotionen, die aus der durch den inneren Dialog

selbst geschürten Eifersucht oder Aggression entstehen.

Das gilt auch in der Wirtschaft: Wenn die neoliberale Ideologie allein im Wettbewerb der Egos die Quelle aller Kreativität erblickt, so ist das eine der wirksamsten Täuschungen der Moderne. Der Wettbewerb kann auswählen, aber er bringt kaum Neues hervor – die Intelligenz III darf nicht mit Intelligenz II verwechselt werden. Ob ferner Pistolen, Gewehre, Diebstahlversicherungen, Gefängnisse, Gerichte, Atomraketen, Kampfflugzeuge, Flugzeugträger und biologische Kampfstoffe Höhepunkte menschlicher Kreativität sind, überlasse ich dem Urteil der Leserin und des Lesers. All dies gründet aber letztlich im Ego-Prozeß und verursacht individuell und sozial ungeheure Unkosten. Man wird das nicht mit einem Handstreich verändern können. Es wäre eine Illusion, die Macht der Gewohnheit zu unterschätzen.

Aber uns selbst können wir verändern, wir können die Kontaminierung der Gedanken, die Waffen zur Verteidigung des Ego-Territoriums zurückschrauben und vielleicht einmal ganz beseitigen. Den Weg dazu haben wir kennengelernt: Es ist der Weg der Achtsamkeit, der Selbsterkenntnis unserer Gewohnheiten und Bewegungsmuster. Kreativität ist auch die Fähigkeit, neue, *erwünschte* Situationen schaffen zu können. Die Kämpfe um das Ego-Territorium ziehen im Gegenteil fast immer ein Gefühl der Enttäuschung, der Trauer oder der Leere nach sich.

Weil der Ego-Prozeß sich vorwiegend auf Gewohnheiten stützt und selbst zu einer sich erweiternden Gewohnheit wird, hängt er vom *Funktionieren* der Gewohnheiten ab. Gewohnheiten funktionieren in einer bekannten, definierten Umgebung. Im bekannten Umfeld kommen wir mit unseren Anschauungen, Denkmodellen, eingeübten Bewegungen und Handlungsmustern sehr gut aus. Wenn sich aber die Situationen verändern, entstehen Probleme. Weil wir uns gleichwohl auf das Gewohnte stützen, andererseits diese Gewohnheiten dann nicht mehr funktionieren, entsteht *Angst*. Angst ist das Gefühl des Beengtseins, wenn wir aus einer Situation keinen Ausweg sehen. Die Fesselung des Ego-Prozesses an die Gewohnheiten erzeugt immer wieder Angst, und je mehr man sich in ein Gewohnheitstier verwandelt hat, desto ängstlicher wird man und wittert überall Gefahren.

Mehr noch. Auch ganz gewöhnliche Situationen können bedrohlich werden, weil man sich an eine vergangene Angst erinnert. Man schiebt dann vor die aktuelle Wahrnehmung der an sich harmlosen Situation eine Erinnerung und erzeugt so eine *Angst zweiter Ordnung*. Die erinnerte Angst löst eine *aktuelle* Angst aus. Auch hier stimmen Karte und Territorium nicht mehr überein und erzeugen Angst. Es ist bei der Angst zweiter Ordnung aber das *Denken*, das sich von einer unveränderten oder ganz gewöhnlichen Situation *trennt* und somit einen Gegensatz erzeugt. Weil sich das Ego auf eine gedachte Fiktion stützt, die von der lebendigen Erfahrung der Situation getrennt ist, erfährt es sich *selbst* als getrennt und eingesperrt in die eigene Enge (Angst).

Was in einer sich wandelnden Situation (oder ihrer irrtümlichen Wahrnehmung) gefährdet wird, ist das gewohnte Bild von uns selber, das wir aufrechterhalten wollen. Dieses Selbstbild ist die Summe der Erfahrungen in unserem Denken, Fühlen und den körperlichen Bewegungen, die sich unbewußt angesammelt haben. Der Ego-Prozeß stützt sich auf diesen Vorrat an Fertigkeiten und Gewohnheiten. Als Ich definieren wir uns von unseren Grenzen her, und in einer Welt des Wandels sind diese Grenzen immer bedroht. Das Ego gerät immer wieder in Panik, erzeugt Handlungen und Gedanken, die diese Panik nur noch verstärken. »In der Welt seid ihr in Angst«, heißt es im Johannes-Evangelium. Die Existenzphilosophen beziehen sich darauf und sagen, das Wesen des Menschen wird in der Angst offenbar. Das ist zwar richtig, ist aber nur die halbe Wahrheit, weil man das Wesen des Menschen nicht mit dem Ego identifizieren darf. Denn es gilt auch: »Wer sein Ego verliert, wird seine Kreativität gewinnen.«

Bei kleinen situativen Änderungen gelingt meist eine einfache Anpassung, und unser Selbstbild kann mit geringen Modifikationen wieder aufrechterhalten werden. Große Veränderungen, großes Glück oder großes Leid im Leben, eine große Liebe oder eine schwere Krankheit, eine unerwartete Chance oder der Verlust eines Arbeitsplatzes sind allerdings nur durch eine Unterbrechung der Ego-Routine, durch einen Wandel zu bewältigen. Hierin wirft uns sozusagen die äußere Situation zurück auf unser eigentliches Wesen: Wir wachen auf. Und dieses Aufwachen aus den gewohnten Träumen der Routine ist nichts anderes als die Weckung der Achtsamkeit, jener Kraft, die Herausforderungen durch Kreativität bewältigt.

Deshalb ist ein großes Glück oder auch eine schwierige Erfahrung im Leben zugleich eine Chance, die eigene Kreativität aus ihrem Schlummer zu wecken. Die Angst ist eine Angst um uns selbst, weil wir an Gewohnheiten festhalten. Das *Loslassen* einer Gewohnheit, ihre Veränderung, die Zuwendung der Achtsamkeit dagegen empfinden wir oft als tiefe Freude, als Begeisterung. Nicht zufällig sagt man: Ein Problem ist *gelöst*. Es löst die Bedrängnis auf. Eine Problemlösung, also die der Entfaltung der eigenen Kreativität, ist immer auch eine *Verwandlung* des Selbst. Bei sehr dramatischen Erfahrungen sprechen Psychologen auch von Ich-Tod und Wiedergeburt. Tatsächlich sterbe nicht »ich«, es ist nur der Schein des alten Egos, der stirbt. »Ich« hatte nur mein Wesen mit meinen alten Gewohnheiten verwechselt. Deshalb ist die Entdeckung und Entwicklung der eigenen Kreativität ein Prozeß der Selbstwerdung, ein Weg zu sich selbst als offenes, kreatives Wesen. Das kreative Übersteigen der Ego-Schranken überwindet zugleich die Grenzen zum anderen Menschen und ist deshalb dasselbe wie Liebe und Mitgefühl.

Die Gewohnheitsmuster der Intelligenz I machen auf

eine gewisse Weise blind. Diese Blindheit ist charakteristisch für den Ego-Prozeß. Wenn man nur Ausschau nach jenen Dingen, Gedanken und Gefühlen hält, die man gewohnt ist, dann geschieht es immer wieder, daß man eher sehr unbefriedigende, sogar schmerzvolle Handlungen wiederholt – weil man nur diese *kennt*. Die Angst vor dem *Loslassen* der Gewohnheit, das Festhalten eines Selbstbildes ist größer als die Frustration, zu denen gewisse Gewohnheiten führen. Darin liegt auch der psychologische Grund für das Suchtverhalten – neben körperlichen Ursachen. Die Gläser Wein zuviel am Abend, die Kannen Kaffee zuviel untertags, die Spielleidenschaft usw. führen allesamt früher oder später zu unangenehmen Gefühlen. Doch die Sprache der Gefühle wird überhört im lauten Geplapper des Ego-Prozesses, der nur das wiederholt, was er kennt.

Wenn wir uns selbst auf diese Weise einschränken, entgeht uns die *Offenheit* jeder Situation. Keine Situation ist nur das, *als was* wir sie auslegen. Die Zuwendung zur Achtsamkeit, die Abwendung vom Ego-Prozeß *verbindet* die innere mit der äußeren Offenheit. Die eigenen Möglichkeiten der Veränderung und die Möglichkeiten zur Veränderung der Situationen fallen hier zusammen. Wir können nicht etwas Neues in der Welt entdecken, wenn im Inneren die Achtsamkeit hinter einem mechanischen Uhrwerk der Gewohnheiten eingeschlafen ist. Der Raum der Achtsamkeit und der Raum der Veränderung ist derselbe. Deshalb kann es keine Kreativität geben ohne ein kreatives Individuum, kein kreatives Produkt ohne ein kreatives Selbst.

Typen des Ego-Prozesses

Das Ego ist nicht der einsame Mittelpunkt einer anonymen Welt. Es begegnet sich sozusagen selbst. *Jeder* hat ein Ego, verteidigt sein Territorium. Und weil das *massenhaft* in einer Gesellschaft geschieht, verändert dies den Ego-Prozeß, führt dazu, daß sich bestimmte *Typen* von Ego-Prozeß herausbilden. Ganze Gesellschaften und Zeitalter wurden von solchen Typen geprägt; wir haben schon darauf hingewiesen. Die Grundstruktur, die sich aus der Beziehung der verschiedenen Egos zueinander ergeben, sind vielfältig, zeigen aber doch einige markante Muster, auf die ich abschließend in diesem Kapitel noch hinweisen möchte.

Es sei aber betont, daß auch Ego-Typen *veränderlich* sind, und hier liegt vielleicht die wichtigste Aufgabe für die Entfaltung der sozialen Kreativität zur Veränderung vieler Fehlentwicklungen. Das Ego ist zwar eine Gewohnheit, und jeder ist bemüht, sein Ego-Territorium zu verteidigen – doch nur so lange, bis man dieses Muster *erkennt* und sich aufmacht, es zu verändern. Wenn man den Dämon des Egos erkennt und beim Namen nennt, kann ihn der Zauberstab der Achtsamkeit verjagen. Zur Erkenntnis des Ego-Prozesses ist es wichtig, seine *List* zu durchschauen. Das Ego ist ein Meister der Tarnung. Und die wichtigste Tarnung besteht darin, daß jeder Ego-Prozeß in gewisser Weise die Reaktion *anderer* schon in sich aufgenommen oder vorweggenommen hat. Die Art und Weise, *wie* dies geschieht, unterscheidet die Ego-Prozesse. Die wechselseitige Abhängigkeit aller Ego-Prozesse voneinander bildet das soziale System.

In der Ökologie unterscheidet man zwischen verschiedenen Typen beim werbenden Kampf der Männchen um das Weibchen. Es gibt die Angreifer und solche, die sofort das Weite suchen, wenn sie einen Konkurrenten sehen. Ein stabiles ökologisches Gleichgewicht einer Art verlangt beide Typen. Menschen zeigen ein viel komplexeres Gewohnheitssystem, doch auch hier haben sich die einzelnen Egos auf verschiedene Typen des Ego-Prozesses spezialisiert. Alle diese Typen haben gemeinsam, daß sich ein Ego verteidigt, die eigene Kreativität in den Dienst dieses Prozesses nimmt und sich von anderen Egos abgrenzt. Doch die Methoden, dies zu erreichen, sind sehr verschieden. Es gibt in den spirituellen Traditionen und in der Psychologie zahlreiche Versuche, Typen des Verhaltens zu definieren, und viele dieser Unterscheidungen treffen unmittelbar auf den Ego-Prozeß zu. Der griechische Arzt Hippokrates unterschied vier Temperamente, die auch eine körperliche, äußere Entsprechung haben sollten; der Psychiater Ernst Kretschmer hat daraus eine moderne Typenlehre entwickelt. Auch Carl Gustav Jung schlug ein Schema vor, in dem er z. B. einen *introvertierten* von einem *extrovertierten* Typus unterschied. (Jung bezeichnete das Ego auch zutreffend als »Komplex«, was auf etwas Zusammengesetztes, etwas Gewordenes hinweist.)

In den spirituellen Traditionen finden sich Typen-Bezeichnungen, die sich nicht zuletzt durch eine Jahrtausende umfassende Praxis als besonders wirksam erwiesen haben. Im Buddhismus teilt man die menschliche Situation im »Lebensrad« in zwölf Aspekte ein, die wiederum sechs »Reichen« zugeordnet werden (Götter, Halbgötter, Menschen, Tiere, hungrige Geister, Höllenwesen). *Psychologisch* bedeuten diese sechs Reiche bestimmte Typen oder Spezialisierungen des Egos. Jedem Reich kommt eine besondere Art des Ego-Prozesses zu. Im »göttlichen Bereich« ist es die Trägheit und Selbstgefälligkeit; die »Halbgötter« leiden am Stolz; typisch menschlich ist die Eifersucht; dem tierischen Bereich ordnet man Unwissenheit zu. Ein heute weitverbreiteter Typus ist der »hungrige Geist«, der niemals zufriedenzustellen ist und deshalb von Neid und Ehrgeiz geplagt wird. Dem psychologischen Bereich »Hölle« ordnet man im Buddhismus das Laster des Zornes zu. Angetrieben wird das Rad des Egos durch die drei Gifte: Gier, Haß und Verblendung.

Im Christentum unterscheidet man ganz ähnlich die sieben Hauptsünden: Zorn, Stolz, Neid, Habgier, Unersättlichkeit, Wollust und Trägheit. Das deckt sich weitgehend mit dem buddhistischen Schema, wenn man »Habgier« und »Unersättlichkeit« einfach als Ausdruck der Gier betrachtet. In dem vermutlich auf den Sufismus zurückgehenden Schema des *Enneagramms* erweitert man die sieben christlichen Hauptsünden um zwei zu einem Modell aus neun Persönlichkeitstypen, indem man Furcht und Lüge als Fehlverhalten oder Wurzelsünde hinzufügt. Ähnliche Einteilungen sind in anderen Traditionen bekannt; so z. B. die zwölf Typen in der Astrologie, die Tiere des chinesischen Horoskops usw. Es hängt von den eigenen Erfahrungen ab, welcher dieser Schematisierung, welcher Tradition man zuneigt. Ganz ohne Schema kommt aber niemand aus – wenigstens unterscheidet man zwischen Optimisten und Pessimisten, Erfolgstypen und Verlierern, heiteren und melancholischen, kreativen und unkreativen, fleißigen und faulen Menschen usw.

Der große Vorteil der Typen-Schemata in den *spirituellen* Traditionen liegt darin, daß hier der Bezug zum *Ego-Prozeß* und seine *Behinderung* einer vollen menschlichen Entwicklung klar erkannt wird. Der Grund, weshalb wir uns in unserem Ego-Prozeß *spezialisieren,* liegt – wie gesagt – darin, daß wir eine *Gemeinschaft* von Egos sind. Ob man nun behauptet, Gott habe die Menschen unterschiedlich erschaffen, ob man diese Verschiedenheit den Taten in früheren Leben zuschreibt, ob man die Unterschiede durch genetische oder frühkindliche Prägung, durch verschiedene soziale Milieus oder andere Einflüsse erklärt, spielt hier keine wesentliche Rolle – wichtig ist eigentlich nur, daß wir uns in unserem Ego-Prozeß bei allen Gemeinsamkeiten voneinander *unterscheiden* und daß diese Unterscheidungen, wie alle Gewohnheiten, sehr dauerhaft sind, prinzipiell aber *verwandelbar* bleiben. Diese Unterschiede beziehen sich *vor allem* darauf, wie ein Ego-Prozeß auf den je anderen reagiert. Und gerade darin liegt eine seltsam unfruchtbare Instrumentalisierung unseres kreativen Selbst, unserer eigentlichen Natur.

In den erwähnten Typen-Beschreibungen läßt sich zunächst eine einfache Grundstruktur erkennen. Ganz allgemein kann ein Ego auf seine Umwelt mit *Ergreifen, Ablehnen* oder mit *Gleichgültigkeit* reagieren. Das Ergreifen wird in starker Form zur *Gier,* die Ablehnung entspricht einer durch Angst motivierten Verteidigungshaltung, die sich bis zum Haß steigern kann, und die Gleichgültigkeit paart sich gerne mit Unwissenheit oder Dumpfheit. Diese *dreifache Blindheit des Egos,* diese dreifache Einschränkung der Achtsamkeit erwächst aus dem Versuch, ein Ego-Territorium abgrenzen und festhalten zu wollen. Wenn sich Ergreifen, Ablehnen oder Gleichgültigkeit auf leblose Dinge beziehen, dann legt das Ego selbst seine Grenze fest. Trifft aber eine dieser drei Weisen des Egos, sich auf sein Territorium zu beziehen, auf je ein anderes Ego, dann ergeben sich komplexere Verhaltensmuster für den Ego-Prozeß. Je nachdem, welche der drei Muster aufeinandertreffen, führen diese drei Grenzziehungen des Ergreifens, des Ablehnens oder der Gleichgültigkeit zu neun kombinierten Reaktionsmustern, die unschwer auf die neun Typen des Enneagramms bezogen werden können. Es ergibt sich folgende Einteilungsmöglichkeit – ich beziehe mich auf die (etwas modifizierten) neun Typen, die Don Richard Riso, Helen Palmer und Richard Rohr vorgeschlagen haben:

eigen \ fremd	Ergreifen	Ablehnen	Gleichgültigkeit
Ergreifen	Typ 1: Rechthaben (Zorn)	Typ 2: Helfen (Stolz)	Typ 3: Erfolg (Lüge)
Ablehnen	Typ 4: Anderssein (Neid)	Typ 5: Intellektdistanz (Habsucht)	Typ 6: Pflicht (Furcht)
Gleichgültigkeit	Typ 7: Glücklichsein (Völlerei)	Typ 8: Stärke (Schamlosigkeit)	Typ 9: Zufriedenheit (Faulheit)

Die Tabelle ist von links nach rechts zu lesen: Typ 2 heißt z.B., daß in das eigene Grundmuster des Ergreifens das fremde ablehnende Verhalten einbezogen bzw. vorweggenommen wird, oder Typ 8 verhält sich gleichgültig gegen fremde Ablehnung und tritt darum mit dem Selbstbild »ich bin stark« nach außen auf. Ähnlich sind die anderen Typen zu interpretieren. Die drei ursprünglichen Formen des Ergreifens, der Ablehnung und der Gleichgültigkeit erhalten spezifische Inhalte, je nachdem welche Reaktionsweise des anderen Egos sie in das eigene Selbstbild mit aufnehmen.

Typ 1: Eine »reine« Form des Ergreifens liegt vor, wenn das Ego das Ergreifen anderer schon erwartet und vorwegnimmt. Hier entsteht ein direkter Wettbewerb; die Egos prallen aufeinander – und das wird *innerlich* vorweggenommen. Deshalb ist für diesen Typ 1 der *Zorn* charakteristisch. Die kreative Energie rechnet immer schon mit Widerstand und führt so zu endlosen inneren Dialogen, in denen alle nur erdenklichen Strategien durchdacht werden. Dieser Ego-Prozeß ist wie ein wandelnder Dampfkessel, immer unter Druck, aber auch differenziert in seinem Urteil, weil alle möglichen Einwände des anderen Egos schon vorweggenommen wurden. Dieser Typ 1 kann sehr kreativ sein. Er ist ernst und gerecht, strebt nach Vollkommenheit, die alle Gegensätze aufheben soll, ist aber gerade deshalb immer wieder enttäuscht über die Unvollkommenheit der Welt. In seiner verbohrten Variante fällt dieser Typ oft unangenehm auf durch Rechthaberei und moralisierendes Urteilen.

Typ 2: Wer dominant durch das Ergreifen geplagt ist, hat noch weitere Möglichkeiten der Reaktion auf andere Egos. Der Typ 2 spezialisiert sich in seinem Ego-Prozeß auf »Liebe«, bezieht aber die erwartete Ablehnung anderer schon mit ein. Er jagt sozusagen anderen nach, drängt ihnen seine Liebe, sein Mitgefühl förmlich auf. In der Psychologie nennt man die krankhafte Variante »Helfersyndrom«.

177

Darin liegt in Wahrheit viel Stolz; man ist stolz darauf, anderen zu helfen (auch wenn die es gar nicht wollen), und kann deshalb dafür selbst Liebe *einfordern*. Der Typ 2 wird sehr häufig von anderen ausgenutzt und kann dazu neigen, die selbst heimlich erhoffte Zuneigung gelegentlich in viel Verbitterung oder im Konsum von Süßigkeiten zu ersticken. Vom Stolz befreit, findet man unter diesem Typ 2 oft große Gestalten, die sich für andere selbstlos aufopfern und dennoch gerade darin ihre Erfüllung finden. Die Kreativität findet dann tausend Wege, zu helfen und Leiden zu mindern.

Typ 3: Dieser Typ geht auch vom Ergreifen aus, rechnet dabei aber mit der Gleichgültigkeit anderer (also mit dem eigenen Erfolg). Weil er Erfolg erwartet, ist er auch oft erfolgreich und kann sehr überzeugend wirken. Allerdings verfällt diese Haltung auch leicht der *endlosen* Begierde nach immer noch mehr Erfolg: Nach mehr Geld, Macht, Reichtümern oder nach der Liebe, der Anerkennung anderer. Der Erfolgstyp 3 ist häufig an äußeren Symbolen orientiert; in der Gegenwart vor allem an Geld, an *sehr viel* Geld. Selbst die Partnerin oder der Partner dient gelegentlich nur als Mittel des Erfolgs, das in häufigen Scheidungen und »Partnerwechseln« dem aktuellen Erfolgskonto angepaßt wird. Die oft vorhandene Herzlichkeit des Typs 3 wird instrumentalisiert. Die Rückseite des Wunsches, in seinem Ergreifen erfolgreich sein zu wollen, ist die Angst, der Erfolg könnte ausbleiben. Der Erfolgstyp 3 neigt deshalb zur Lüge, zur Vortäuschung falscher Tatsachen, denn niemand gewinnt *immer.* Vor allem flieht er vor sich selbst und spielt sich und anderen gerne etwas vor. Der Typ 3 fühlt sich auf dem Theater, beim Film, mitunter in der Politik, in der Werbung und beim Marketing sehr zu Hause. Die Kreativität wird hier oft instrumentalisiert, den Erfolg oder seinen Anschein aufrechtzuerhalten.

Typ 4: Es gibt aber auch die exakt umgekehrte primäre Haltung, die des Ablehnens, in mehreren Typen. Eine Me-

thode, den Ego-Prozeß auf diese dominante Weise zu orga-
nisieren, besteht darin, sich von der Welt *besonders* zu unterscheiden. Man tritt auf wie ein Pfau, will nicht so sein
wie die »graue Masse«. Zuneigungen anderer weist man als
platte Vertraulichkeit zurück; man rechnet ohnehin damit.
Allerdings nimmt die Angst des Egos um sein Territorium
hier die Form des *Neids* an, denn jemand anderes könnte ja
mehr Stil und Klasse zeigen, könnte sein *Anderssein* noch
mehr entfalten. Der Preis dieser Haltung ist der Rückzug
nach innen, in die innere Welt der Gefühle. Nicht selten
leidet dieser Ego-Typ unter seiner ablehnenden Haltung
und versinkt in Melancholie. Das in das innere Exil ver-
bannte Gefühl entfaltet allerdings auch kreative Energien,
die mit Stimmungen spielen – viele Künstler zeigen dieses
Muster.

Typ 5: Dieser Typ stützt sich auf das distanzierende Ablehnen und nimmt die Ablehnung anderer vorweg, woraus
sich häufig große intellektuelle Fähigkeiten entwickeln.
Dieser Ego-Prozeß vertraut keiner Information, wenn er sie
nicht nach allen Seiten gewendet und selbst durchdacht hat.
Er betrachtet die Dinge endlos, analysiert sie und kann sich
nicht entscheiden, benötigt immer noch mehr Wissen und
Information. Eigentlich ist es ein Rückzug auf ein Spiel mit
den Karten zur Interpretation der Welt, weil man die wirkliche Welt, die anderen ohnehin als etwas empfindet, was
sich entzieht. Weil man mit Ablehnung rechnet und sie vorwegnimmt, will man seine Einsichten und Besitztümer behalten. Habsucht ist die Folge. Die Kreativität wird genutzt,
möglichst viele Karten zu erzeugen, ohne freilich je wirklich nach außen tätig zu werden – der Typ 5 gibt nicht gern
und wird doch ein Gefühl der Leere nie los. Wissenschaftler und Philosophen neigen öfter diesem Muster der Spezia-
lisierung des Ego-Prozesses zu und verwandeln die ablehnende Distanz kreativ in theoretische Nüchternheit.

Typ 6: Eine andere Möglichkeit, in das Ablehnen eine

mögliche Reaktion anderer hereinzunehmen, ist der Pflicht-Typus. Auch er hat eine tiefe Angst davor, daß sein Ego-Territorium angegriffen wird. Er bezieht aber die Gleichgültigkeit der anderen stillschweigend mit ein: Als Unsicherheit über die mögliche Reaktion der anderen. Diese Unsicherheit kann sich zur dauernden Furcht steigern. Die befürchteten Angriffe haben aber aufgrund der Unsicherheit etwas Fiktives, Scheinhaftes, etwas Ausgedachtes. Die Kreativität entfaltet sich im Inneren: Angetrieben von der Furcht, erzeugt diese fehlgeleitete Kreativität in der Vorstellung alle nur erdenklichen Schreckensszenarien, die eintreten *könnten*. Dies führt zu zwei Reaktionsformen: *Entweder* zur Anklammerung an äußere Sicherheiten, an Autoritäten. Hier sucht das zitternde Ego nach der »großen Karte«, der »großen Erklärung der Welt«, an der man sich festhalten kann. Dann wählt dieser Typus einen besonders starken äußeren Anhalt: einen starken Führer, eine große Organisation, die Armee usw. Man schützt das Ego-Territorium, indem man es in eine mächtige soziale Gewohnheit einbettet, und hofft so, selbst mit beschützt zu werden. *Oder* der Typ 6 entfaltet eine grundlegende Skepsis gegen jeden und alles. Geübt darin, in Situationen alles, was schiefgehen könnte, in inneren Bildern vorweggenommen zu haben, entwickelt diese Variante von Typ 6 sehr häufig eine ausgezeichnete Intuition für verborgene Antriebe und Motive und wird ein Meister darin, *Gegenargumente* zu finden. Generell verbirgt sich dieses Ego vom Typ 6 gerne hinter Pflichterfüllung und Fleiß – und wird, wie der Typ 2, dadurch oft ausgenützt.

Typ 7: Drei weitere wichtige Typen des Ego-Prozesses beruhen auf der eigenen Grundhaltung der Gleichgültigkeit. Der ersten Variante (Typ 7) ist eine seltsam fröhliche Distanz zur Welt und zu anderen eigentümlich. Man schützt sein Territorium dadurch, daß man die Welt einfach nimmt, wie sie ist, und die Karte »ich bin glücklich« vor alle Erfahrungen schiebt. Das funktioniert nur durch ein vielfältiges Ausblenden. Das Glück des Typs 7 ist ausgedacht wie die Furcht des Typs 6. Doch hier beim Typ 7 ist die Basis Gleichgültigkeit; eine Zuneigung anderer wird nicht lebendig, sondern als Vorstellung gesucht und in einem der vielen erträumten »Disney-Länder« auch gefunden. Der Versuch, die Bedrohungen seines Ego-Territoriums durch *Ignorieren* zu verteidigen, kann sich auch darin äußern, daß man keinen eigenen Standpunkt nach außen vertritt und einfach an der Oberfläche mitmacht – was auch immer *Fun* verspricht. Man paßt seine Achtsamkeit ganz der Farbe der Umgebung an, übernimmt die Meinung und Stimmung des Tages, hat aber selbst keine. Die Kreativität verzettelt sich hier in der Vielfalt des Beliebigen, kann aber auch einen klaren Realismus entwickeln.

Typ 8: Eine gut getarnte Form ist der Typ 8. Sein Ausgangsmuster ist die Gleichgültigkeit, hier die Gleichgültigkeit gegen Ablehnung. Er erwartet Ablehnung, will sie geradezu provozieren – seine Grundstimmung ist ja die Gleichgültigkeit dagegen. Dieser Typ bildet sich auf der Basis einer großen, meist auch physischen Kraft, denn nur so kann dieser Ego-Prozeß funktionieren. Anstatt sich *selbst* zu erkennen, will er am liebsten die ganze Welt in sein eigenes Ego-Territorium verwandeln. Er kann zum Kämpfer für die Schwachen werden, dabei aber die halbe Welt vernichten. Viele Revolutionäre sind dieser Typus. Weil er gleichgültig gegen die Abneigung anderer zu sein scheint, kennt er keine Scham und ist mitunter zu destruktiven Taten fähig.

Typ 9: Dieser Typ erwartet keine spezifische Reaktion anderer und steht der Welt seltsam naiv, aber auch unsicher gegenüber. Die Gleichgültigkeit kann kaum durchgehalten werden. Deshalb muß das Ego gelegentlich nachhelfen, die Gleichgültigkeit gegenüber anderen zu erzeugen – denn das kreative Selbst, die Achtsamkeit *ist* niemals blind. Die beste

Methode hierbei ist die *Betäubung* durch Rauschmittel wie Alkohol, Dauer-Fernsehen, exzessives Musikhören oder eine andere Sucht – eine Falle für diesen Ego-Prozeß. Diese Grundhaltung des Gleichmuts, geboren aus Gleichgültigkeit, die auch nur Gleichgültigkeit erwartet, ist der geborene Friedensstifter. Er hat keine Position zu verteidigen, greift auch nicht an, neigt eher dazu, sich selbst herabzusetzen. Dieser Ego-Typ wird von anderen häufig geliebt. Die Offenheit der Achtsamkeit ist hier ganz vom Äußeren erfüllt. Die Kreativität kann sich bei diesem Typ betäuben und in Faulheit verharren oder sich positiv nach außen als Friedensstifter besänftigend entfalten.

Ich hoffe, daß diese Skizze – die nur *eine* Möglichkeit darstellt, Typen des Ego-Prozesses zu unterscheiden – einen ersten Eindruck verschaffen kann; ich lade die Leserin und den Leser ein, selbst herauszufinden, wie das eigene Ego funktioniert, welche Strategie man bevorzugt und wie man auf andere Ego-Typen reagiert. Die erwähnten Modelle, wie das Lebensrad oder das Enneagramm, können dabei eine große Hilfe bieten. Es ist wichtig zu entdecken, daß der eigene Typus von Reaktionsmuster keineswegs exklusiv ist, aber auch daß es nicht nur *einen* Typus von Ego-Prozeß gibt. Ich möchte aber vor allem betonen: Jede Methode des Egos, sein Territorium zu verteidigen und sich auf andere Egos zu beziehen, hat eine »positive«, eine *kreative* Innenseite, von der sie *eigentlich* zehrt. Jeder der drei Blindheiten des Egos entspricht eine Möglichkeit der kreativen und intelligenten »Reinigung«: (1) die *Gleichgültigkeit* wird aufgelöst in der *Intelligenz I,* in ihrer unbewußten, automatischen Kraft, die im Alltag eine große Hilfe sein kann; (2) die *Ablehnung* erscheint gereinigt als die für alle Entscheidungen notwendige Distanz und das Unterscheidungsvermögen der *Intelligenz II;* (3) das *Ergreifen* entfaltet sich als die zupackende, unmittelbar verändernde *Intelligenz III,* als Lust an der Kreativität *pur.*

Die Gewohnheitsbildungen des Egos sind Ausdruck der Tatsache, daß Menschen *soziale* Wesen sind. Wir leben nun einmal in einer Gemeinschaft, auch mit der Natur. Das Ego unternimmt jedoch den unsinnigen und *todsicher vergeblichen* Versuch, ein exklusives Territorium von der Gemeinschaft mit anderen Menschen und der Natur abzusondern. Es wird sehr viel vergebliche Energie in diesen Prozeß gesteckt, in dem sich ein riesiges kreatives Potential entlädt, das sich aber immer durch das Nadelöhr der Ego-Zensur hindurchzwängen muß. Jedes Ego hat eine kreative Innenseite, ein Kraftzentrum, von dem es sich ernährt. Es gibt also einen Weg aus dem inneren Kreisverkehr des Ichs: durch die Kreativität der Achtsamkeit.

Jedes Ego beruht auf einer *Einfärbung* der Achtsamkeit. Deshalb ist die Achtsamkeit auf sich selbst, das einfache Eingeständnis, *wie man* sein Territorium aufbaut und verteidigt, der wichtigste Schritt zur Befreiung des kreativen Selbst. Wir sollten lernen, daß und wie wir uns von anderen unterscheiden, *ohne* diesen Unterschied in einen Ego-Krieg verwandeln zu müssen. Und wir können das auch akzeptieren, weil die wichtigste Fähigkeit der dynamischen Achtsamkeit darin besteht, Unterschiede zu erkennen und neue Unterschiede zu machen.

Das Ego *erzeugt* nicht die bunte Fülle verschiedener Menschen, es *instrumentalisiert* nur die vielfältigen Fähigkeiten und Talente. Was man erkennt, kann man zum Positiven verwandeln und dennoch die Eigenständigkeit, die Unterschiedlichkeit bewahren. Wird der Ego-Prozeß in seiner typischen Ausprägung durchschaut, wird der Unterschied zwischen Ego und Achtsamkeit immer wieder neu erkannt, so verwandeln wir uns nicht alle in einen langweiligen Einheitstypus von Persönlichkeit, sondern lösen einfach die Fesseln der Macht der Gewohnheit. Wir eröffnen eine kreative Vielfalt in uns selbst und in der Liebe zu anderen.

Mut zum kreativen Selbst

Damit hat dieses Buch seinen Anfang wieder erreicht. Wir haben uns in einem *kreativen Zirkel* bewegt. Wenn man sich nicht um sich selber dreht, sondern die offene Weite betritt, weitet sich auch das Ego vom Gefängnis der Gewohnheit zum Raum der Achtsamkeit. Dieser Raum der Achtsamkeit läßt die ganze Welt und alle Menschen auf ihre eigene Weise, in ihrem Wandel erscheinen. Auf dem Weg durch diese offene Weite sammelt man nicht nur neue Eindrücke und Erfahrungen, man verwandelt sich *selbst*. So komme ich wieder zum Ausgangspunkt: Wir werden kreativ durch die Entscheidung zur eigenen Kreativität. Man muß sich dafür *entscheiden*, man muß etwas *tun*, weil der Nebel der Gewohnheiten, weil der Ego-Prozeß nicht einen kreativen Zirkel *in der Welt* beschreibt, sondern sich nur um seine eigenen Schranken dreht.

Das kreative Selbst schlummert unter dem Mantel der Gewohnheit, unter dem Lärm des inneren Dialogs, mit dem sich das Ego von der Welt und von anderen abzugrenzen trachtet. Es ist die Achtsamkeit – das wahre Selbst –, ohne deren Raum das Ego seine fiktive Kreisbewegung nicht vollführen könnte, ohne deren Dynamik und Kraft es hilflos wäre. Das kreative Selbst wartet im Zentrum des Egos darauf, freigesetzt zu werden, und es bietet uns unaufhörlich in der Achtsamkeit die Möglichkeiten zu dieser Befreiung. Das kreative Selbst hilft uns, die Kreisbewegung des Egos in ein Spiel mit den Situationen des Lebens zu verwandeln. Wir drehen uns dann nicht mehr um uns selbst, wir tanzen mit den anderen, wir tanzen mit der Welt.

Glossar wichtiger Begriffe

Achtsamkeit, ist bei allem, was wir beobachten, schon vorausgesetzt. Sie selbst ist deshalb nicht beobachtbar, völlig offen und rein, kann aber vielfältig »eingefärbt« werden (↗Farben der Achtsamkeit), bleibt darin verschieden von den ↗Gedanken und vom ↗Ego (↗Selbstbild). Die Achtsamkeit ist dynamisch (↗flackernde Achtsamkeit) und kann sich durch sich selbst ausweiten und vertiefen (↗Paradoxie der Achtsamkeit, ↗Aufmerksamkeit).

als etwas, etwas als etwas betrachten ist das Denken, das eine Wahrnehmung begleitet oder einen früheren Gedanken kommentiert; jede Veränderung eines ↗Denkmodells (↗Karte) verändert das »als etwas«.

Angst, Gefühl der Enge, das entsteht, wenn man in neuen, unbekannten Situationen über keine geeigneten ↗Bewegungsmuster verfügt, während vertraute ↗Gewohnheiten des ↗Selbstbildes nicht anwendbar sind; auch akutes Gefühl der Bedrohung des Selbstbildes (↗Problem, ↗Angst zweiter Ordnung).

Angst zweiter Ordnung, die erinnerte ↗Angst, die gewohnte ↗Situationen in etwas Bedrohliches verwandelt; auch die zur ↗Gewohnheit gewordene Angst (Angstmuster).

Aufmerksamkeit, konzentrierte ↗Achtsamkeit, die den Modus des Flackerns (↗flackernde Achtsamkeit) beendet und den ↗Lichtkegel der Achtsamkeit auf ein Phänomen richtet.

Ausweitung der Achtsamkeit, durch sie selbst (↗Paradoxie der Achtsamkeit) hervorgerufene Ausdehnung der ↗Achtsamkeit auf verschiedene Aspekte der ↗kreativen Situation.

Bedeutung, ein Grundaspekt des ↗situativen Daseins. Alle Phänomene (Erscheinungen) haben eine bestimmte Bedeutung durch die Art, wie sie in ↗Situationen erscheinen (↗Farben der Achtsamkeit).

Bewegungsmuster, einer der fünf Aspekte der ↗kreativen Situation. Bewegungsmuster umfassen den Körper, die Stimmungen und die Gedanken. Es sind zeitliche Muster. Charakteristisch für Bewegungsmuster ist ihre Tendenz, ↗unbewußt zu werden.

Definition, begriffliche Grenzziehung. Es gibt keine endgültige Definition; Begriffe sind offen und kreativ veränderbar (↗Dharmakirtis Trick).

Denkmodell, ein im Denken vollzogenes ↗Bewegungsmuster, bei dem die verschiedenen Aspekte einer ↗Situation einbezogen werden. Alle Denkmodelle sind innere ↗Handlungsmuster (↗Handlungsprogramm). Denkmodelle bilden die ↗Karten der ↗Wahrnehmung.

Dharmakirtis Trick, Methode von Dharmakirti (buddhistischer Philosoph, der im 7. Jahrhundert im Süden Indiens lebte), Begriffe nur *negativ* durch das zu definieren, was sie *nicht* sind. Man beginnt bei einem Beispiel für einen Begriff und sucht dann systematisch, was diesem Begriff nicht entspricht (offene Methode der ↗Definition).

Ego, ist keine bleibende Substanz, sondern ein Prozeß der Abgrenzung (↗Ego-Prozeß); nicht zu verwechseln mit der ↗Achtsamkeit, die nicht an das Ego gebunden ist (↗Selbstbild, ↗Ego-Territorium).

Ego-Prozeß, der wesentlich auf den ↗inneren Dialog gestützte Prozeß, ↗Gewohnheiten und ein ↗Selbstbild in wechselnden Situationen zu erhalten oder auszuweiten (↗Ego-Territorium, ↗Typen des Ego-Prozesses).

Ego-Territorium, alle Aspekte der ↗kreativen Situation, die durch den Gedanken »das bin ich« oder »das gehört mir« von jenen Phänomenen getrennt werden, die man von sich ausschließt. Das Ego-Territorium ist eine fiktive Grenze, die deshalb unaufhörlich verteidigt oder ausgedehnt wird (↗Typen des Ego-Prozesses).

Farben der Achtsamkeit, die ursprüngliche Tönung bei jeder Beobachtung, Handlung oder Erkenntnis, vor allem durch Stimmungen. Weitere Einfärbungen der ↗Achtsamkeit sind die anderen ↗fünf Aspekte der kreativen Situation. Die Farben der Achtsamkeit sind die ↗Bedeutungen.

flackernde Achtsamkeit, ein Modus, in dem die ↗Achtsamkeit von den verschiedenen Aspekten einer Situation (↗kreative Situation) angezogen und abgelenkt wird (Fremd- oder Außenlenkung der Achtsamkeit).

fünf Aspekte des Daseins, ↗Modell der kreativen Situation.

Gedanken, in die ↗kreative Situation eingebettete, funktional aber unabhängige ↗Bewegungsmuster, in denen die Aspekte der kreativen Situation verdoppelt und innerlich repräsentiert werden. Gedanken können ↗unbewußt verlaufen und sind von der ↗Achtsamkeit zu unterscheiden.

Gefühle, individuelle Körperempfindungen oder individuell erlebte ↗Stimmungen. Körperempfindungen sind weitgehend »privat«, während Stimmungen »objektiven« Charakter haben können.

Gewohnheiten, ↗Bewegungsmuster (Fertigkeiten ↗Intelligenz I), ↗Routinen, die ohne laufende Kontrolle der ↗Achtsamkeit funktionieren und somit ↗unbewußt werden können.

Handlungsmuster, äußere ↗Bewegungsmuster des Körpers.

Handlungsprogramm, innere Repräsentation von ↗Handlungsmustern. Handlungsprogramme sind, zur ↗Gewohnheit geworden, auch ↗Denkmodelle.

innerer Dialog, das zum großen Teil ↗unbewußte, die Wahrnehmungen und andere ↗situative Prozesse begleitende stille Sprechen mit sich selbst; Hauptbasis des ↗Ego-Prozesses.

Intelligenz, Verhaltensweise in einer ↗Situation, die sich an

187

der ↗Bedeutung von Phänomenen orientiert und ↗Probleme löst. Man kann Intelligenz nicht positiv definieren, weil jedes Urteil über intelligentes Verhalten schon einen intelligenten Beobachter voraussetzt. Aber es lassen sich durch negative Abgrenzung (↗Dharmakirtis Trick) drei Arten der Intelligenz (↗Intelligenz I, II und III) unterscheiden.

Intelligenz I, Erlernen und Ausüben von Fertigkeiten. Charakteristisch für die Intelligenz I ist, daß viele Fertigkeiten ↗unbewußt ausgeführt werden können. Im ↗Modell der kreativen Situation bezieht sich die Intelligenz I auf die ↗Bewegungsmuster des Denkens und Handelns.

Intelligenz II, Auswahl zwischen bereits erlernten Fertigkeiten, auch die Auswahl zwischen verschiedenen ↗Karten zur ↗Wahrnehmung einer ↗Situation.

Intelligenz III, ↗kreative ↗Intelligenz, die Fähigkeit, neue Ideen (↗Karten, ↗Bewegungsmuster, ↗Denkmodelle) entstehen zu lassen.

Karte, ein Muster der Wahrnehmung, an dem sich Denk- und Handlungsprozesse orientieren (↗Denkmodelle). Der Satz: »Die Karte ist nicht das Territorium« bedeutet nicht, daß es eine »unwahrgenommene« Welt (↗Territorium) gibt, sondern verweist nur auf die Dynamik der Karten im Wechselspiel mit veränderten ↗Situationen.

kreativ, Aspekt einer Situation (↗Modell der kreativen Situation), der als neu *und* wertvoll erlebt wird, als veränderte ↗Bedeutung. Das Kriterium für Neuheit und Wert ist ↗situativ, nicht objektiv.

kreative Situation, ↗Modell der kreativen Situation.

Kreativität, Fähigkeit, ↗kreative Veränderungen hervorzubringen. Kreativität bezieht sich auf alle Aspekte der kreativen Situation, keineswegs nur auf Denkprozesse oder Produkte (↗Sinnesgegenstände). Kreativität ist ein individueller Prozeß, der aber soziale ↗Bedeutung erlangen kann. Man kann Kreativität nicht positiv definieren, weil Kreativität immer Grenzen übersteigt und somit jeder Definition potentiell widerspricht (↗Definition; ↗Dharmakirtis Trick).

Kreativitätstechnik, Methode zur Förderung der ↗Kreativität durch die Trennung der beiden Aspekte neu und wertvoll (↗kreativ), d. h. das Ausschalten von Bewertungen und der Erzeugung einer Vielfalt von Neuerungen, die später selektiert werden (↗Intelligenz II).

Kunst des Fragens, bewußte und achtsame Veränderung der Frage, besonders durch Hinzufügen von »genau« (Wie genau? Was genau? usw.) und »nicht« (Was ist etwas *nicht* etc.); Methode zur Lösung von ↗Problemen (↗Kreativitätstechnik, ↗W-Frage-Methode).

Lichtkegel der Achtsamkeit, Bereich jener ↗situativen Phänomene, die durch die ↗Achtsamkeit erfaßt werden und dadurch ↗Bedeutung gewinnen.

Magie, die Fähigkeit, ↗Bedeutungen und ↗Stimmungen zu verändern.

Modalität, die Art und Weise, *wie* etwas gegeben ist (Seinsweise).

Modell der kreativen Situation, ein Modell zur allgemeinen Beschreibung von ↗Situationen und ihrer Veränderung. Das Modell der kreativen Situation besteht aus fünf Begriffsgruppen (Aspekte oder ↗Modalitäten): ↗Sinnesgegenstände, ↗Stimmungen und ↗Gefühle, ↗Wahrnehmungen, ↗Bewegungsmuster, ↗Gedanken.

Mut, eine Kraft, die eigene ↗Angst zu überwinden; besonders die Fähigkeit, die Quelle der Angst achtsam durch die Veränderung von ↗Gewohnheiten, des ↗Selbstbildes zu überwinden.

negative Definition, die ↗Definition eines Begriffs durch das, was etwas nicht ist (↗Dharmakirtis Trick). Positive Begriffsinhalte sind immer nur Einzelbeispiele, keine Definition (Grenzziehung).

Offenheit der Situation, die Tatsache, daß alle Beschreibungen von ↗Situationen immer nur *auch* möglich sind, also Alternativen erlauben (↗als etwas, ↗Denkmodell, ↗Karte).

Paradoxie der Achtsamkeit, die Fähigkeit der ↗Achtsamkeit, sich selbst aufwecken, steigern, konzentrieren und vervielfältigen zu können (↗Ausweitung der Achtsamkeit).

Problem, ein P. entsteht, wenn ein ↗Bewegungsmuster, eine ↗Gewohnheit in einer veränderten ↗Situation nicht vollzogen, gedacht oder angewandt werden kann, auch beim Fehlen eines ↗Handlungsprogramms oder ↗Denkmodells zur erwünschten Veränderung einer ↗Situation. Die dafür charakteristische Lähmung verursacht ↗Angst. Jede der drei Arten der ↗Intelligenz löst einen Typus von Problem.

Programm, wörtlich Vor-Schrift. Im ↗Modell der kreativen Situation eine Folge von Repräsentationen der fünf Sinne (↗Handlungsprogramm).

Routine, Wiederholung eines ↗Bewegungsmusters.

Selbst, vom ↗Ego unterschiedene, je eigene Erfahrung der ↗Achtsamkeit; wie die Achtsamkeit nicht definierbar oder beobachtbar (auch kreatives Selbst).

Selbstbild, aus der Summe von ↗Gewohnheiten und Fertigkeiten durch Erfahrung aufgebautes Bild vom eigenen ↗Selbst.

Sinnesgegenstände, das, was sich den fünf Sinnen in der Wahrnehmung zeigt (Gesehenes, Gehörtes, Getastetes, Gerochenes und Geschmecktes); nicht zu verwechseln mit »Dingen an sich«. Sinnesgegenstände haben immer eine ↗Bedeutung, weil sie in einer ↗Karte wahrgenommen werden.

Situation, Name für das menschliche Dasein; eine in ihren verschiedenen Aspekten oder ↗Modalitäten (↗Modell der kreativen Situation) grundlegende, nicht weiter auflösbare Erfahrungsbasis.

situativ, auf eine ↗Situation bezogen.

situative Modalität, auf eine Situation bezogene ↗Modalität (↗Modell der kreativen Situation).

Stimmungen, Erfahrungen, die weder individuell noch rein körperlich (somatisch) zu beschreiben sind. Sie gehören untrennbar zu jeder ↗Situation. Stimmungen besitzen häufig einen »objektiven« Charakter, der individuelles Empfinden übersteigt, können aber nur jeweils individuell empfunden werden (↗Gefühle).

Territorium, bildlicher Ausdruck für die ↗Wahrnehmung im Unterschied zum ↗Denkmodell, in dem oder ↗als das etwas wahrgenommen wird (↗Karte).

Typen des ↗Ego-Prozesses, unterschiedliche Typen der Reaktion auf das ↗situative Umfeld, vor allem auf den Ego-Prozeß anderer Egos; als Grundmuster kann man das Ergreifen, Ablehnen und die Gleichgültigkeit unterscheiden, die neun Gewohnheitsmuster des Ego-Prozesses ergeben.

unbewußt, ↗Unbewußtes.

Unbewußtes, Gesamtheit der ↗Bewegungsmuster (↗Denkmodelle und ↗Handlungsmuster), die ohne ↗Achtsamkeit funktionieren bzw. ablaufen können. ↗Gewohnheiten werden vielfach unbewußt.

Unterschied, Unterscheidung, Grundbegriff in der Dynamik der ↗Achtsamkeit; grundlegender Prozeß, der ursprünglicher ist als die Differenz von aktiv und passiv (auf den ↗Ego-Prozeß bezogen).

Wahrnehmung, durch die ↗Achtsamkeit aktualisierter Bezug zwischen ↗Sinnesgegenständen und ↗Denkmodellen (↗Karte). In der Wahrnehmung werden Sinnesgegenstände ↗als etwas erkannt und erhalten so ↗Bedeutung (↗Farben der Achtsamkeit).

W-Frage-Methode, eine ↗Kreativitätstechnik, in der die W-Fragen (Warum, Wer, Wann, Wo usw.) zufällig variiert und so neue ↗Farben der Achtsamkeit erzeugt werden (↗Kunst des Fragens).

Zauberei, Veränderung von ↗Bedeutungen in Situationen; weitgehend identisch mit ↗Kreativität.

Dank

Ich danke für vielfältige Anregungen zu diesem Buch: den Briefen und E-Mails, die ich zu meinen früher erschienenen Büchern erhielt, den Diskussionen mit Besuchern meiner Vorträge und Seminare, ferner den vielen Gesprächen mit meinen Studentinnen und Studenten in Würzburg und München. Durch die Seminare mit Karl Pribram und Francisco Varela habe ich wichtige Anstöße zum Verständnis neuronaler Prozesse bekommen. Vor allem aber danke ich Elisabeth Müller-Brodbeck, von der ich sehr viel über die Achtsamkeit auf Bewegungsmuster und die Methode von Moshé Feldenkrais gelernt habe. Wir verdanken beide viel den Dzogchen-Lehren Sogyal Rinpoches und anderer Lehrer der Nyingma-Tradition, denen wir auf Retreats mit Rinpoche begegnen durften. Ferner gilt mein Dank Juliane Bobrowski, die mit ihrer Kritik meinem Ego einen wunderbar heilsamen Hieb verpaßte, sowie Claudia Hörter, Magdalena Pritzl und Anja Füchtenbusch für viele Diskussionen und ihren klaren Blick auf meine Gedanken, schließlich – *last but not least* – Rudolf Walter vom Verlag Herder, der den Anstoß zu diesem Buch gab.

Kontakt und weitere Information:
  http://home.t-online.de/home/brodbeck/